Wild Problems

A Guide to the Decisions That Define Us

「知の巨人」たちがやっている 非合理な思考術

いかにして「人生の難問」に
答えを出すべきか

ラス・ロバーツ
ラッカ珠美 訳

二見書房

Wild Problems
by
Russ Roberts

This edition published by arrangement with Portfolio,
an imprint of Penguin Publishing Group,
a division of Penguin Random House LLC
through Tuttle-Mori Agency, Inc., Tokyo

シャロンへ

目次

第1章

ワイルド・プロブレム

合理的なアプローチでは答えの出せない人生の難問

数年前、ある友人と街を歩いていたときのことです。友人は「僕と妻は、子どもを持つかどうか決められなくて悩んでいるんだ」と私に打ち明けました。ふたりは、子どもを持つことで生じるコストと利益のリストを作ったそうですが、それでもまだ、正しい選択かどうか確信が持てない、と言うのです。友人は私に助言を求めました。

そこで私は、子どもは「コストに見合う価値があるから」作るというものじゃないと思うよ、とだけ答えました。ほかに言ってあげられるようなことはありませんでした。ましてや、君たちは親になるのが実際にどういうことかわかっているのか、などとは、尋ねようとも思いませんでした。

子どもを持つ前は、どうしても失うもののほうが圧倒的に多く思いつくものです。仕事や遊びの時間が減る、バケーションの選択肢が限られる、おむつや服、食べもの、教育などにお金がかかる、その他いろいろ——。

そんなときは、子どもを持つなんて、まったく理にかなってないと感じるかもしれません。それでも、私自身を含む多くの親が、子どもこそが自分の存在意義や生き方の中心だと語ります。我が子が自分の人生に意味を与えてくれた、と言う親も多いことでしょう。では、この矛盾をどう考えればいいのでしょうか。

子どもを持つかどうかの選択は、私が「ワイルド・プロブレム」と名づけたものの一例です。正しい道の選び方が判然としない、人生の分岐点。一つの道を選ぶことで味わう喜びや苦しみをはっきり見通すことはできず、選んだ道によって自分は何者なのか、何者になるのかが決定づけられてしまう、そんな別れ道です。つまりワイルド・プロブレムとは、誰もが人生の中で取り組まなくてはならない、重大な決定事項のことです。

こうしたワイルド・プロブレムの多くが、人を不安にさせ、思い悩ませます。未来という名の遠い地に到着するまで、どの選択が正解なのか知りようがない。だからどうしても臆病になり、そのせいで決断を先延ばしにしがちになるのです。

こんな状況で、しかも理性的な判断をくださなければいけないとき、どうすれば私たちは前に進めるのでしょう？　まず思いつく戦略としては、既存の難題を参考にして解決方法を取りいれる、というやり方があるでしょう。例えば、交通渋滞を予想して早めに出発したり、コロナウイルスのワクチンを開発したりするといった場合は、データ、何度も試せるアルゴリズム、結果を何度も再現できる実験などに頼ります。こういう種類の問題なら――私はこれを「テイム・プロブレム（飼いならされた問題）」と呼びます――科学、エンジニアリング、理論的な思考を駆使して取りくみつづければ、確実に解決へと近づけることができるでしょう。

しかし、人生の中で向きあう重大な決定事項――結婚するかどうか、するなら誰と結婚するか、子どもを持つかどうか、どんな職業やキャリアコースを選択すべきか、友だちや家族のためにどれくらい自分の時間を費《つい》やすべきか、日常生活の中で道徳的なジレンマにおちいったらどう解決すべきか――つまりワイルド・プロブレムに対する決断については、データや科学など、いわゆる理論的なアプローチでは答えが出ません。

私はシカゴ大学で、経済学者となるために研鑽を積みました。そこでは、経済学とは、人生における理論的な選択の指針であると教わりました。トレードオフや、いわゆる機会費用（複数の選択肢から一つを選ぶときに失うもの）という概念も学びました。また、すべてのものには代償がともなう――何かを得るためには必ず何かをあきらめなければならず、無限の価値を持つものなど何ひとつない、とも教えられました。しかし、人生の重要な決断に限って言えば、そのような原理を当てはめようとすると逆に方向を見失ってしまう、と今では確信しています。

私がシカゴ大学の大学院生として通っていた経済学部の建物の壁には、ケルビン卿［初代ケルビン男爵ウィリアム・トムソン。1824～1907年。イギリスの物理学者］（※以下、本文中の［　］は訳注を表す）が残した名言が刻まれていました――「定量化できない知識は貧弱であり、不十分である」。現代社会は、このケルビン卿の教えを忠実に守ってきました。最初は自然科学、やがて少しずつ社会科学、さらには人文科学までが、データ収集による定量化と数値を得る方法の改良を目指し、その数値を利用して、より強く、より生産性を高く、より健康になることこそが、より良い人生につながる道である、という考え方を取りいれるようになりました。

しかしワイルド・プロブレムは、おとなしく数値におさまったりしません。ある人にとっての解決策が、別の人にとっては効果がないかもしれないし、昨日までうまくいっていたやり方が、明日もうまくいくとは限りません。ワイルド・プロブレムとは、手なずけることも飼いならすこともできず、つかみどころがなく、生きもののように変化する、とても複雑なものなのです。理屈に基づいた標準的な技術で確実に前進できるテイム・プロブレムとは根本的に違う、野生の獣《けもの》なのです。

人類の歴史のほとんどにおいて、統治者あるいは伝統が、つまり、民を支配した王、子どもの親、人びとが生まれ落ちた場所、育った文化といった存在が、このようなワイルド・プロブレムを飼いならしてきました。しかし今や、王は死に絶え、地域社会の影響力は急速に弱まりつつあります。伝統？　そんなものはとっくに投げ捨ててしまいました。想像してみてください。現代の私たちは、まっさらな石板に向かってチョークを握りしめ、何の制約もなく、好きなように自分の姿を描こうとしている状態なのです。

かつては「運命」と呼ばれたものが、今は「決断」にとって代わりました。それ自体はすばらしいのですが、決断は同時に、私たちに悩みや不安をもたらします。

テイム・プロブレム	ワイルド・プロブレム
ゴールが明確で、客観的に結果を評価できる	ゴールは主観的であり、定量化が難しい
ニューヨークからシカゴまで、どのように行くか	シカゴに行くべきかどうか
成功するためのテクニックを試し、効果を確認できる。手順通りにやれば、うまくいく	成功するためのマニュアル、地図、手引書、アルゴリズムは存在しない
オムレツ《オムレット》を作る	『ハムレット』を書く
予想される結果を実際に確認できる。何度繰り返しても同じ結果になる	成功に至る道筋は、繰り返せるものではない
科学	工芸
月面着陸	子育て
携帯電話のバッテリーの寿命を延ばす	通信キャリアを選ぶ
秘書問題（第7章で詳しく説明しています）	誰と結婚するか決める
チェスを3手でチェックメイトする	人生

たしかに、選択肢があるということは、より良い人生の可能性があるということです。しかし、具体的に何をすればいいのか教えてくれる手引書も、アルゴリズムもアプリもなく、いったいこの自由の大地を、どう歩んでいけばいいというのでしょう。

まず、ワイルド・プロブレムの難しさに対処するためには、数値で測れるものだけを測り、そうでないものは自分なりに推測して定量化する、というのが一つの方法です。指針がまったくないよりはいいし、情報を集めるという行為そのものが不安を鎮《しず》めてくれます。そして、正解に少しずつ近づいている、正しい方向に一歩踏みだしている、と自分に言いきかせることができます。

しかし実際には、間違った方向に一歩踏みだしているのかもしれません。うっかりすると、失《な》くした鍵を街灯の下で探している人と同じ状況になってしまいます。手伝いを申しでた通りすがりの人が、「鍵はここで失くしたの？」と尋ねたとします。鍵を失くした人は「いいえ。でも、ここのほうが街灯のおかげでよく見えるから」と答えるのです。このとき、懐中電灯を使って街灯の下の地面をさらに明るく照らすというのは、一見、理にかなった行動のように思えるかもしれません。でも、鍵が街灯から遠く離れた暗闇の中に隠れているとしたら、そんな行動は、きっと見つかるはずと言いきかせて自分を騙《だま》しているようなものです。つまり、自分の知っている範囲だけ、想像できる範囲だけを見ようとして、結果的に、その外側にあるたくさんの選択肢を無視しているわけです。

私がこれと似たような考え方をツイッター〔現X〕に投稿したところ、フォロワーのひとりが次のような質問をして、この問題の難しさを、うまく一言で表現してくれました。

「重要な物事は定量化が難しく、しかも定量化できる物事だけを見れば判断を誤るというのなら、ほかにどのような意思決定の方法が残されているのでしょうか?」

本書は、この質問に対する私の答えです。

そして、子育てというワイルド・プロブレムで悩んでいた友人に、あの日もっと長く歩きつづけていたら、きっと伝えていたはずの話です。

結婚すべきか、子どもを持つべきか、ロースクール(法科大学院)に行くべきか、私がみなさんのために決めることはできません。この本ではその代わりに、何が一番大切なのかを忘れないようにしながらそのような問題に取り組むにはどうすればいいのか、みなさんが考えるお手伝いをします。

哲学者、経済学者、アメリカン・フットボールのコーチ、詩人、史上最も偉大な科学者、グランドティトン国立公園〔米国ワイオミング州にある国立公園〕で私が泊まった部屋の客室係といった人びとの深い洞察の助けを借りて、人間として避けることのできない不確かさに向き合うための哲学を、みなさんに授《さず》けます。

「正しい決断をする方法」にこれ以上、貴重な時間を費やす代わりに、いわゆる一般的な意味での正しい決断というものが、実は存在しない場合が多いということを説明しようと思います。

私は、人生という旅をする方法のアドバイスをします。どこに旅するかは、みなさんが決めてください。そうすればこの本は、決断にどう取り組むかだけではなく、良き人生を築くためのガイドライン集になります。きっと、心の不安がやわらぎ、穏やかな気持ちで、人生の旅に向かえるはずです。

それではまず、人類史上最も偉大な科学者のひとりが、自身のワイルド・プロブレムにどう取り組んだかを見ていきましょう。

第2章

ダーウィンのジレンマ

偉大な科学者を悩ませた、ある重要な命題

1838年、チャールズ・ダーウィン［1809〜1882年。イギリスの自然科学者］は、あるワイルド・プロブレムに直面しました。30歳の誕生日を間近に控え、結婚すべきかどうか悩んでいたのです。結婚すれば、子どもも何人か持つことになるでしょう。そこでダーウィンは、この決断に関するプラスとマイナスのリストを作りました。このときのリストは、彼自身の日記に書かれた手書きの文字で、今でも見ることができます。

リストの一番上には、見開き2ページ分を使って「それが問題だ」と書かれています。おそらく、ハムレットの人生最大の命題から引用したのでしょう。カミュ［1913〜1960年。フランスの小説家］が哲学の基盤と見なした問いでもあります。つまり、「このままで良いのか、いけないのか」［シェイクスピア作の演劇『ハムレット』の中で、主人公がつらい人生をこのまま受け入れるか否《いな》か悩んで問いかけたセリフ］ということです。そして、このときダーウィン自身にとっての問いは「結婚すべきか、すべきではないか」でした。

　こうしてダーウィンは、リストの左側で結婚したらどうなるかを想像し、右側では、しなかった場合の想像をしています。結婚生活の日常のプラスとマイナス、そして将来の自分がそれをどう感じるかを想像したのです。子どもを持つべきかどうかで悩んでいた私の友人とその奥さんも、同じことをしました（次ページの表を参照）。

　このようなやり方は一見、合理的そのもののように見えます。二つの選択肢を比較して、それぞれの将来の幸福度を可能な限り正確に予測する、そして、幸福度がより高いと予測されるほうの選択肢を選ぶ。もちろん、実際にどうなるかはわかりません。誰と結婚するかによっても、当然変わってくるでしょう。それでも、いま手に入るだけの情報を使って、精いっぱいの予測を立てるのです。

結婚する	結婚しない
子ども（神がそうお望みなら）	子どもなし（新たな人生経験なし）、年老いたときに心配してくれる人がいない。
常に、ともに過ごす（老いれば友人となる）相手、自分に関心を持ってくれる相手がいる。	身近な親しい人びとの思いやりなくして、働きつづけることに何の意味があるのか。老いれば、身近な親しい人びとなど親戚くらいしか残らない。
愛し、ともに楽しむ相手がいる。どうであれ、犬よりは良いであろう。	いつでも好きな場所に出かけられる自由。好きな交友関係を選べる、そして交友を避けることもできる。社交クラブでの聡明な人びととの会話。
家があり、家事をしてくれる人がいる。	親族を訪ねる義務がない。日常の雑務にわずらわされずにすむ。
音楽を聴いたり、女性とおしゃべりしたりする楽しさ。こういったものは健康にも良い。	子どもに関する支出や心配ごと。おそらく言いあらそいも。時間がとられる――夜の読書ができなくなる。太る、怠慢になる。不安、責任。子どもが多ければ支出が増え、本などに使える金が減る。
交友関係のために、誰かの家を訪ねたり自宅に招いたりしなければならない。ひどい時間の無駄だ。	（とは言え、働きすぎは非常に健康に悪い）
―	妻はロンドンを気に入らないかもしれない。その場合、ロンドンを追われ、怠惰な愚か者に成り下がるという罰に甘んじなければならない。

プラスとマイナスのリストを作るのは、ワイルド・プロブレムかテイム・プロブレムかに関係なく、あらゆる問題に対して効果的な取り組み方のように思えます。ただ、ダーウィンが最初に発明したテクニックというわけでもありません。おそらく、エデンの園にいたイヴが「禁断の果実〔旧約聖書『創世記』に登場する「知恵の木」の実〕を食べるべきかどうか」というワイルド・プロブレムに直面したときにさかのぼるくらい、古いテクニックです（この場合のマイナス項目は、楽園の庭師〔神のこと〕が不機嫌になる、知識を得ることで思わぬ不幸に見舞われるかもしれない、知らぬが仏とも言うし。プラス項目は、蛇とはいい友だちになれそう、禁じられた果実は何よりも甘い、などなど）。しかし今から説明するように、ダーウィンが作り上げたプラスとマイナスのリストは、彼をまったく間違った方向に迷いこませてしまう危険をはらんでいます。リストを詳しく見ていきましょう。

まず「ひどい時間の無駄」という言葉からは、結婚すると研究が思うように進まなくなってしまうかもしれない、とダーウィンがかなり心配していたことがうかがわれます。ダーウィンは自伝の中で、帰納法について言及しています。帰納法はフランシス・ベーコン〔１５６１〜１６２６年。イギリスの哲学者〕の著作から生まれた科学的推論法です。ベーコンは、現代では著作もそれほど広く読まれていませんが、ジェームズ１世〔１５６６〜１６２５

年。スコットランド、イングランド、アイルランドの王」の大法官を務め、ほぼ間違いなく、当時最も頭脳明晰だった人物です。それから2世紀以上が経ったダーウィンの時代の英国でも、その名はよく知られていました。ですからダーウィンは、ベーコンが随筆「結婚と独身生活について」の中で主張した「独身者のみが偉業を達成できる」という言葉に、深く影響されていたのかもしれません。

「妻子を持つ男は、運命に人質を捧げたようなものだ。なぜなら妻子は、善行であれ悪行であれ、あらゆる重大な仕事の障壁となるからである。歴史上の最大の偉業、特に一般民衆に重大な利益をもたらした偉業については確実に、独身あるいは子どものいない者の手で達成された。このような者たちは代わりに、一般民衆と結婚したがごとく、彼らを愛し、富を惜しみなく分け与えたのである」[引用部は訳者による／以下同]

この「運命に人質を捧げる」という言葉には、ベーコンが何かを悟っていたような響きがあります。ひとたび結婚して子どもを持てば、運命をみずからの手で作っていく力を大きく失ってしまう。そして、家族に襲いかかる予測できず避けようもない出来事（ベーコンが「運命」と呼ぶもの）によって人質に取られてしまう、と言っているのです。そうなれば、当然ながら、時間とお金の使い方も、自分以外の家族の希望に合わせなければなりません。気づいたら愛する都会を離れて、すっかり田舎の住人になってしまっていた、などというのは、ほんの序の口かもしれません。

ところでベーコンは、どうやら結婚生活に関する最大の権威というわけではなさそうです。彼は45歳までずっと独身で、その後、妻として選んだアリス・バーナムは、結婚したとき14歳の誕生日を迎えるかどうかという年齢でした。しかも、彼がアリスを「私好みの美しいお嬢さん」として見そめたのは、彼女がまだ11歳だったときのことです。ちなみに、ふたりのあいだに子どもはいませんでした。

死の数か月前、ベーコンはアリスを「重大かつ正当な理由」により、遺書の財産相続人から外しました。そしてベーコンの死からわずか11日後、アリスは屋敷の執事と再婚しました。シャーロック・ホームズでなくとも、この二つの事実から、彼らの結婚生活を察するのは簡単でしょう。先ほどご紹介したベーコンの随筆が収録された随筆集は、結婚から数年後に出版されたものですから、ベーコンの結婚観は、こうした個人的な経験に影響されていたのかもしれません。

しかし、ダーウィンが結婚生活によって――特に子どもがいる場合――研究活動が妨《さまた》げられるかもしれないと心配したのは、決して理不尽なことではありません。結婚して子どもができれば自由が減ってしまう、と考えるのも当然でしょう。彼は、子どもに対して特別な関心を持っていた様子はなく、単に老後の保険、結婚にともなう避けがたい二次的被害としか、とらえていません。日記の中でも、子どもを「支出と心配ごと」の源《みなもと》であると表現しています。

さて、ダーウィンが結婚に悩むより何十年も前に、ベンジャミン・フランクリン［１７０６～１７９０年。米国の政治家］――つい忘れられがちですが、フランクリンは偉大な科学者でもありました――が、ダーウィンが作ったようなリストを、もう少し実用的に使う方法を提案していました。

１７７２年、のちに酸素を発見することになるジョセフ・プリーストリー［１７３３～１８０４年。イギリスの自然哲学者］は、暮らし向きがはるかに良くなる仕事に転職すべきかどうかで悩んでいました。新しい仕事を選べば裕福なパトロンを持つことになりますが、パトロンの仲間や交友関係は、彼と妻にとって別世界の人びとです。転職は大失敗に終わるかもしれません。そこでプリーストリーは、友人のベンジャミン・フランクリンに助言を求めました。フランクリンはプリーストリーに手紙を書き、どちらの選択が正しいかを教えることはできないが、決断する方法なら教えよう、と答えました。これは、ワイルド・プロブレムを少しだけテイム・プロブレムに変える方法です。

フランクリンはプリーストリーに、1枚の紙を用意し、真ん中に縦線を引いて左右二つの欄を作るように指示しました。片方は長所、もう片方は短所の欄です。この手法の優れた点について、フランクリンは次のような説明をしています。人はワイルド・プロブレムに直面すると、プラスとマイナスのどちらかについて先に集中して考え、それから、もう片方に集中しがちです。そこで、プラスとマイナスの両項目を数日かけてたくさん集めれば、すべての項目を同時に精査できるというわけです。

ここまでは、ダーウィンのしたことと、あまり変わりませんね。しかしフランクリンは、これをさらに一歩進め、プラスとマイナスの各項目をよく見て「それぞれの項目の重要度を推定すべく、最大限の努力をするように」プリーストリーにうながします。一つの長所が一つの短所と同じくらいの重要度を持つ場合、あるいは三つの長所を合わせると二つの短所を合わせたのと同じくらいの重要度だった場合、それらは相殺《そうさい》できると見なして線を引き、消去します。こうすれば「バランスがどちらに傾いているか」がわかり、「適切な決断をくだせる」というのです。

ただしフランクリンは、このようなやり方には主観的な要素が大きく影響すると認めています。そして「理屈の重みづけは代数的量のように正確なものとしては扱えない」が、この手法によって「早まった一歩」を踏みだす危険性を減らすことができる、と書いていま す。フランクリンが「信念あるいは分別の代数」と呼んだこの手法は、意思決定を数学的で厳密なものに変換する試みの先駆けと言えるでしょう。

このフランクリンの試みの約200年後、ノーベル賞受賞者の心理学者ダニエル・カーネマン［1934年生まれのイスラエル・米国の心理学者、行動経済学者］が、人材を採用する際に最も優れた候補者を見きわめるやり方として、同様の手法を提唱しました。

人材の採用中は、よく気をつけていないと、候補者の性格に魅了されたり第一印象に惑わされたりして、判断を誤ってしまうかもしれません。または特定の能力に感心するあまり、候補者を過大評価してしまうこともあるでしょう。そんな失敗を避けるために、業務に関する最も重要なスキルを事前に六つ定めるのです。そしてそれぞれの候補者に対して、面接、推薦者のコメント、筆記試験の成績、その他の情報に基づいて、各スキルに1から5までのスコアをつけます。最後にスコアを合計して、最も高いスコアを獲得した候補者を採用します。

例として、このやり方でふたりの候補者、アリスとボブを評価したものが、次ページの表になります。

このとき、面接では、ボブのほうがずっと良い印象を残しました。言語能力と対人能力が優れているからです。しかしアリスにも、面接だけでは伝わらない強みがあります。雇用主にとって重要な能力をこのようにすべて並べて評価すれば、どの候補者が最適なのか、客観的に調べることができるというわけです。もしも六つのスキルの重要度がそれぞれ違う場合には、適宜それぞれに重みづけをしてから、合計スコアを算出します。

これは、人間という複雑な存在を、一つの数字で要約するシステムです。数学的な言い方をすれば、マトリックス（数字の羅列、表）を、より単純なもの、つまり一つの数字に変換しているのです。

例えば、家の購入を検討するときは、候補の家の立地、ベッドルームの数、キッチンの広さなどを調べるでしょう。しかしどの家にもそれぞれ特徴があるし、形も違います。だから、家の大きさを比べるには普通、総面積という一つの数字を使います。料理が大好きだから（あるいは料理にまったく興味がないから）キッチンの面積にこだわる、という人もいるか

能力	アリス	ボブ
技術的スキル	5	3
信頼性	5	2
対人能力	2	3
言語能力	1	5
文章力	3	1
労働倫理	5	3
合計	21	17

もしれませんが、それでも、各部屋の面積のリストよりも家全体の面積のほうがずっと重要なのは確かです。複雑なものを一つの数字に単純化して比較できるこのシステムの利点は、とても魅力的です。

この、面積のような物理的概念を示す数字のことを、数学用語で「スカラー」と言います。語源はラテン語の「スカラ」という言葉で、はしご、上に昇るのに役立つもの、という意味を持ちます。このラテン語は「基準《スケール》」の語源でもあります。名詞としては、測定に役立つものという意味であり、動詞としては、「最高峰に登る」などと言うときの「登る」、つまり上昇するという意味になります。

スカラーを使うと、物事を一つの基準で簡単に比較できるようになります。複雑な物事を単純化できるのです。人間は、高い、低い、長い、短い、大きい、小さい、といった比較が得意です。数字を比べてどちらが大きいか、小さいか、あるいは同じなのか知るのは、もっと得意です。千は十より大きい、17・3は17・1より大きい。こんな比較は、簡単にできます。

フランクリンのプリーストリーに対するアドバイスも、基本的には同じでした。だいたい同じ重要度の長所と短所を組み合わせるように、とフランクリンは言いましたが、これはつまり、長所と短所をある程度正確に測定して比較検討するための「基準」が存在すると、彼が思っていたことを意味します。

マトリックスは、ごちゃごちゃしています。何を伝えようとしているのか、はっきりしません。一方、スカラーは、すっきりしていて明確です。この明確さがスカラーの魅力です。しかし、スカラーが本当に有益で正確なのかと言えば、それは、複雑で大量の情報をたった一つの数字にまとめるまでのあいだに、どれだけのものが切り捨てられているかによって変わってきます。

人間を無理やり数字に置き換えるという、先のカーネマンの採用ソリューションは、表面的には、意思決定をより正確で厳密に、科学的なものにしているように見えます。カーネマンは著書『ファスト&スロー――あなたの意思はどのように決まるか？』(早川書房)の中で、このようなことを書いています。「人間による意思決定を数式に置き換えることが可能な場合は、少なくともそれを検討すべきである」

ともすると私たちは、この最後の一言を忘れて、意思決定を数式に替えることができる場合は「必ずそうすべきである」と勘違いしてしまいがちです。人は常に、不確定要素を取り除いてくれる計算方法、数式を求めます。数式は単純です。しかし、単純さは便利ですが、同時に欠陥であるとも言えます。人間はもっと複雑なものだからです。

たしかに、採用候補者の必須スキルにスコアをつければ、とりとめのない面接の中に盛りこまれた主観的な情報が、客観的に見える何か、つまり一つの数字に変わります。こんなふうに主観的、あるいは、とらえにくい質的情報を定量化したいという衝動、一つの数字のような明確なものに変えたいという衝動には、とてもあらがいがたい魅力があります。このやり方であれば、ワイルド・プロブレムをテイム・プロブレムに変換できるかもしれない、と期待してしまうのです。意思決定に関して、アリスとボブに対して算出されたスコアのような数値データ、つまりスカラーがあれば、正確な比較ができそうな気持ちになります。だから将来を予測することも、目の前の選択肢からベストなものを選ぶことも、つい可能だと思ってしまうのです。

しかし、ワイルド・プロブレムに直面したとき、このような選択肢から将来の満足度を想像してコスト・利益リストを作るのが合理的だと感じるとしたら、実は、それはあなたの錯覚に過ぎません。その理由を、今から説明しましょう。

第3章

未来はいつも暗闇の中

二度と戻れない橋を渡るための選択肢

結婚するかどうか迷っていたダーウィンが本当に知りたかったのは、結婚すると決めた場合とそうしなかった場合の将来の、人生の違いでした。目の前に広がる2種類の人生についてプラスとマイナスのリストを作るのは、それぞれの選択の結果がどうなるか想像してみる一つの方法ではあります。合理的に思えるし、経済学者が呼ぶところの期待効用（予想される未来の満足度）を最大化する試みの一種とも言えます。

結婚のプラス面	結婚のマイナス面
ともに過ごす相手がいる	ロンドンを離れなければならないかもしれない
ともに楽しむ相手として犬より良い	自由な行動ができなくなる
音楽を聴く楽しさ	社交クラブでの知的な会話ができなくなる
女性とのおしゃべり	妻の親戚を家でもてなすために時間を無駄にする
子どもが老後の面倒を見てくれる	妻の親戚を訪ねるために時間を無駄にする
働きすぎて健康を害さないよう妻が気をつけてくれる	子どもにかかる費用
家事をしてくれる人がいる	子どもに関する心配ごと
	家族に対する責任から来る、その他の心配ごと
	夜の読書ができなくなる
	家族を養うために研究以外の仕事をしなければならないかもしれない

ここで、ダーウィンのリストを、もう少しわかりやすくなるように整理してみましょう。もとのリストでは「結婚する」と「結婚しない」の両側にプラスとマイナスの項目が混ざって書かれています。これを整理して、「結婚する」と決めた場合のプラスとマイナスのリストとしてまとめたほうが、それぞれの決断で未来がどう変わるのかも、予測しやすくなりそうです（前ページの表を参照）。

このようにリストを並び替えると、ダーウィンが結婚のプラス面よりも、マイナス面をずっと多くあげていること、そしてマイナスの多くが時間の無駄に関連していることがよくわかります。具体的な言葉では書かれてはいないものの、ダーウィンが何を最大のマイナスだと思っていたかは明らかです。心の中のフランシス・ベーコンに自分を重ねて、結婚すれば研究に費やせる時間が減ってしまうと心配していたのです。運命の人質になってしまう、生産性が下がってしまう、偉大な科学者になれないかもしれない。では、どうすれば良いのか。

さてここで、ダーウィンが「一杯の酒とともに語らおう」と言って、マールボロー大通りの自宅に私を招待してくれたと想像してみましょう。私はとても光栄に思います。彼とは今まで、ほとんど交流がありません。同じ社交クラブに通っているので、部屋で遠くから見かけたことがあるだけです。そんな私をどうして自宅に招待してくれたのでしょう。暖炉の前に座り、紳士どうしの軽い会話を交わして、まずは打ち解けようとします。ダーウィンが、この一週間はどうだったかね、と尋ねてきます。まずまずでしたよ、と私は答えます。ダーウィンが、今はどんな仕事に取り組んでいるのかと尋ねるので、私は、意思決定に関する本を書いていると答えます。するとダーウィンは、おお、なんと幸運な巡り合わせだ、と言います。でも本当は、クラブのほかの友人から聞いて知っていたようです。そしてこう打ち明けます。実は、あることで心を決められず、悩んでいるんだ。

なぜ招待されたのかがわかって、私は肩の力を抜いて笑顔になります。アームチェアの高い背もたれに身を沈め、かたわらの小さなテーブルにダーウィンが用意してくれた、ラフロイグ［スコッチ・ウイスキーの一種］のグラスを手にとって口をつけます。しばらくは何も言いません。ダーウィンに、もっと詳しい話をする余裕を与えたいからです。ダーウィンは少し不安げな様子で一枚の紙を私に手渡します。一番上に「それが問題だ」と大きく書かれているのが見えます。私はたっぷり時間をかけて読みます。ダーウィンの乱雑な手書きの文字を読み取るのに苦労しつつ、すぐに何か言いたくなる気持ちを、ぐっとこらえます。それから暖炉の火を見つめて、どう答えるべきか考えます。

フランクリンがプリーストリー宛ての手紙に書いた「信念あるいは分別の代数」の話をするべきでしょうか？　フランクリンは、ダーウィンの祖父エラズマスの親しい友人でした。また、ダーウィンの父親は、パリにいるフランクリンを訪ねたことがあります。フランクリンの手法と、家族の親交の歴史は、ダーウィンの興味をひくかもしれません。しかし、フランクリンのせいでダーウィンが余計に混乱してしまうのが心配です。やはり言わないでおくことにしましょう。

ついに沈黙を破ったのはダーウィンのほうでした。君の意見を知りたいと彼は言います。私は暖炉の火からダーウィンに視線を移します。どこか落ち着かなげな様子です。ただの一《いち》経済学者に過ぎない私は、科学の巨人を目の前にしてためらいます。そこにいるのは、軍艦ビーグル号での航海［1831年から1836年にかけてダーウィンが博物学者として参加したイギリス海軍の測量船ビーグル号による航海のこと］に関して770ページにわたる記録をつけ、1750ページの手記を完成させ、5436点におよぶ動物の皮、骨、死骸の標本目録を作った人です。彼はまた、フジツボを8年かけて研究し、ミミズを使った実験を29年間続け、人生最後の研究プロジェクト『ミミズの行動による腐植土の形成、およびミミズの生態観察』の記録を残しました。これは、興奮のあまりページをめくる手が止まらない、というタイプの読みものではなさそうですが、ミミズとその生態に関する、徹底的で確かな実験に裏づけられた、すぐれた学術書に違いありません。そんなダーウィンに、「あなたはデータを十分に集めていませんね」などと、どうして言えるでしょうか。

ほかの誰もがそうであるように、ダーウィンもまた、未来に関しては、何も見えない暗闇の中にいるのです。もっと困ったことには、ほかの人びとと同じように、自分を取り囲む闇の深さに、ダーウィン自身も気づいていません。

L・A・ポール［1966年生まれの米国の哲学者］は、著書『今夜ヴァンパイアになる前に――分析的実存哲学入門』（名古屋大学出版会）の中で、同著のテーマである、重要な意思決定のメタファーとして「ヴァンパイアになるかどうか」という例を使っています。人間は、実際にヴァンパイアになるまでは、自分がどう感じるかを正確に想像できません。血液を主食として暮らし、太陽が輝いている昼間は棺《ひつぎ》の中で眠る、なんて生活は経験したことがないのですから。なんだか陰鬱な生活のように思えますよね？　でもヴァンパイアに会って聞いてみると、ほぼ全員が「すばらしい生活だよ」と言うとしたらどうでしょう。ヴァンパイアにアンケートを取れば、幸福度が高いという結果が出るのです。

でも、それはあなた個人にとって楽しい生活なのでしょうか。ほかの人びとの経験の平均値ではなく、実際のあなた自身が、生身の人間として、今この瞬間にそんな生活を実体験しているとしたら？　そう、これはまた別な話ですね。その場合のデータは存在しません。データを手に入れる唯一の方法は、うまくいくことを信じて（あるいは、この場合だと「疑って」かもしれませんね）、ヴァンパイアの世界に飛びこむことです。しかし、飛びこんでしまったあとに「ヘモグロビンに偏《かたよ》った流動食のみという食生活は、あまり楽しくないな」と気づいても、もう元には戻れません。

この意思決定の一番ややこしいところは、ポールも指摘しているように、ヴァンパイアになると、好き嫌いの感覚も変わることです。人間は普通、ナルシシズムに対して嫌悪感を持つものです。でも、ひとたびヴァンパイアになると、ナルシシズムを新鮮に感じ、人間だったころの自分をふりかえって、その謙虚さを軽蔑するようになります。では、自分にとっての最適な選択を考えるとき、どちらの「自分」を重視すればいいのでしょうか。今の自分？　それとも、ヴァンパイアになったあとの未来の自分？

馬鹿げた話に聞こえるかもしれませんが、人生で直面するワイルド・プロブレムの多くも、実はこれとあまり変わらないのです。結婚すべきか、子どもを持つべきか、ある宗教を信じるべきか、あるいは子どものころからの信仰を捨てるべきか。多くの意思決定が、二度と戻れない橋を渡ることを意味しています。橋を渡って、新しい経験に飛びこんでいく。その経験は、想像のつかないような形で自分を変えてしまいます。例えば、何を一番大事に思うか、どんなことに喜びと悲しみ、楽しさと苦しさ、光と闇を見出すのか。

写真家のジェシカ・トッド・ハーパー［1975年生まれの米国の芸術写真家］は、写真集『The Home Stage（ホーム・ステージ）』の中で、光の表現が美しい家族写真の数々に添えて、親になることについてこう記しています。「私は未知の異世界に足を踏み入れた——子どもたちがあらゆる物事の前提となる世界に。子どもを持つ前は何をこれほど大事だと思っていたのか、今や思い出すことすらできない」

ダーウィンのリストは、結婚についてよりも、ダーウィン自身について多くを伝えています。彼のあげたプラスとマイナスの項目、特にプラスのほうは、これまで一度も結婚したことがなくて既婚者の内面の幸福を知りようがない人が思いつきそうなものばかりです。知らないからこそ、結婚のマイナス項目がこれほど断定的になり（ロンドンを追われ怠惰な愚か者に成り下がる！）、プラス項目はごく控えめ（女性とのおしゃべり）になるのです。

また、もうひとりの人間と生活を分かち合うという自覚が、ほとんど読み取れない点にも注目してください。唯一それが感じられるのは、自分の時間の使い方や住む場所が家族に左右されてしまう、という項目のみです。ここに書かれているプラスとマイナスはすべて、ダーウィン自身がどう感じるか、どんな生活になるのか、という想像をもとにしたものです。それは仕方ないと、あなたは思うかもしれません。自分の身に起こる事柄を重視するのは当然でしょうから。

しかし、ダーウィンのリストの中には、もうひとりの人間に対する献身や愛情に関する項目というものが、まったくありません。理想的には死がふたりを分かつまで配偶者と添い遂げるというのが19世紀の常識でしたが、そのことにともなう喜びや苦しみにも言及されていません。誰かを幸せにする喜びについても書かれていないし、配偶者の悲しみを癒《いや》す存在になりたいとも書かれていません。配偶者の存在や献身をどう感じるかについても、「おしゃべり」以外には何もありません。互いに大事に思う相手と人生をともにすることをどう考えているのか、かろうじて読み取れるのは「愛し、ともに楽しむ相手がいる。どうであれ、犬よりは良いであろう」の一文のみです。まあ、とにかく自分のことばかりですが、無理もありません。彼はそれまで、パートナーを持ったことがなかったのですから、誰かといっしょに歩む人生が生み出す力について、何も知りようがないのです。

誰かと人生をともにするという責任のマイナス面についても、書かれているのは、配偶者が住みたい場所に合わせなければならないこと、配偶者の家族と過ごす時間を強《し》いられることだけです。不幸な結婚が強いる無形の代償、自主性を奪われる閉塞感については、何も書かれていません。不幸な結婚に閉じこめられた人間は、好きなだけ仕事に打ちこめる環境以上のものを失います。これは、配偶者と映画の好みが違うとか、休暇の旅行先を海にするか山にするかでモメる、などという単純な話ではないのです。結婚が失敗すれば、後悔の苦しみは生活のすべてを台無しにするほど圧倒的なものになりえるのです。

　このようにダーウィンのリストは、結婚生活の外側から見える部分だけに言及したものです。街灯の光の下で失くした鍵を探している人と同じように、ダーウィンの観察できた範囲のみに基づいているのです。若者だった彼が既婚の男女と交流する機会は、どうしても限られていたでしょうし、それも多くは形式ばった場でのことだったでしょう。そのような交流にも決して意味がないわけではありません。しかし、外側から見える結婚の姿は、結婚生活全体のごく一部に過ぎません。夫婦はあまり他人の前で口論したり、結婚生活の問題点をさらけだしたりしないものです。そういう姿は、夫婦がふたりきりになるドアの内側に隠されていますが、さらに大きな秘密は、閉じたドアではなく、閉じた目の内側にあります。夫婦のそれぞれが目を閉じてのぞきこむ、自分の心の中にあるのです。それは、結婚による自己意識の変化と、その変化が生活全体におよぼす影響の大きさです。

なごやかな空気の中で夫婦と夕食をともにすれば、そのふたりの仲の良さや、結婚生活が順調かどうかについて、ある程度は推察できるかもしれません。けれど、ふたりの心の中までのぞきこむのは難しいでしょう。ワイルド・プロブレムに直面したとき、暗闇の中に飛びこんだらどんな生活が待っているのか想像しようとしても必ず不均衡が生じてしまうのは、このように隠された内面の世界があるからなのです。子どもを持つべきかどうか悩んでいた私の友人とその奥さんの場合のように、未来は不透明で想像不可能です。だから独身のうちは、結婚や子育ては不自由だらけで、見返りなどほとんどないように感じてしまいます。

私は5年ほど前、ほぼ完全に沈黙して過ごさなければならない5日間の瞑想修行に参加しようと決心しました。でも、5日間ずっと沈黙していられるか心配でした。沈黙による精神的なストレスも心配でした。はたして5日間もメールをチェックせずにいられるでしょうか？　私はそれまで、一度も瞑想というものをしたことがなかったのです。床や椅子に座ったまま45分じっとしている、という行為を、無言のまま一日に何度も繰り返すなんて、本当にそんなことができるのでしょうか。瞑想キャンプの日が近づくにつれて、5日間のプログラムを最後までやり抜けるのか、だんだん自信が持てなくなりました。

　到着するとまず、瞑想中はほかの参加者といっさい関わってはいけないと言われました。誰かが泣いていても――実際に、私を含む参加者は瞑想中にときどき泣きました――慰めようとしたり、大丈夫か尋ねたりしないように言われました。食事も黙って食べました。塩コショウや水が必要でも、ほかの人にジェスチャーで取ってほしいと伝えてはいけません。必要なものがあれば、立ちあがって自分で取りにいくのです。廊下でほかの参加者とすれ違うときも、目を合わせたりうなずきかけたりしてはいけません。

　楽しそうに聞こえますか？　いいえ、楽しくはありませんでした。けれど結果的に、人生で最も驚異的な経験の一つとなりました。その後、同じ修行に二度も参加したくらいです。感情が深く揺さぶられる体験でした。さまざまな物事に対する見方が変わりましたが、特に変わったのは、自分自身に対するものでした。私は性格が穏やかになり、その変化は帰ってきてからも長く続きました。

　この経験について話すと、多くの人が「私にはとてもできない。5日間しゃべらないなんて、きっと頭がおかしくなる」といった反応を示します。私はそれに対して、「しゃべらない」というのは、実はこの修行の中で一番「簡単な」部分なんだ、と答えます。実際のところ、何も話さないでいるのは、信じられないくらい解放的なことなのです。無言で過ごす時間は、日が経つにつれて、より濃厚でパワフルなものになります。あの5日間で体験した現実には、言葉ではうまく言いあらわせない手触りや味わいがありました。何度となくすばらしい高揚感が得られる、それまで一度も経験したことのない種類の感覚でした。

ここでみなさんは、なぜ私が思いきって修行に参加することにしたのか不思議に思われるかもしれませんね。行くと決める前は、私もまた、未来が見えない暗闇の中にいたのですから。まず、私よりも先に同じような修行に参加した娘が、きっと私も気に入るし、多くを学べるはずだと勧《すす》めてくれました。出発する前は、この種の修行に参加したことのある人たちに連絡をとって、経験してよかったと思えるような長期的な効果があったかどうかを尋ねてみました。彼らはイエスと答えました。だから、一つには娘と同じ経験をして絆《きずな》を深めたかったから、もう一つには、私自身にも良い効果を得られることを期待して、参加を決心したのです。けれど、事前に話を聞いた人たちの誰も、あの5日間の経験が実際にどういうものなのか、言葉では正確に描写できませんでした。

もちろん私は、沈黙の瞑想修行に参加することを勧めたくてこの話をしているのではありません。この話をするのは、多くの人が、沈黙の瞑想修行を1時間くらい黙っているのと同じようなものだと考え、単純にそれがもっと長くなるだけだろうと想像すると、知っているからです。例えば、大学の講義を受けるあいだ1時間黙っていた経験などを思い出して、それだけで、5日間の沈黙の修行がどういうものかも想像できるような気になってしまうのです。しかし実際にやってみれば、沈黙の効果がそんなふうに直線的に続くわけではないことがわかります。何日も蓄積することで沈黙がどれほどパワフルなものに変わるか、実際に経験しなければ決して想像はできないと思います。修行を通して自分が大きく変わり、その変化が5日間を超えて長期的に続くのがどういうことかも、きっと想像できません。今これを読んでいるみなさんは、5日間（10日間とか30日間というものもあります）の沈黙に耐えるなんて、どう考えても非合理的だと感じるでしょう。しかし、目の前の選択肢の一つが合理的かどうかは、それを実際に経験してみるまでは、判断が難しいものなのです。

結婚、特に子どもがいる結婚生活は、「自分以外の人間と生活の場を共有しなければならず、ともに時間を過ごすことを、なにかと要求される」などという言葉では、正しく伝わりません。結婚には、単純にもうひとりの誰かと多くの時間をいっしょに過ごすだけではない、それ以上のはるかに多くの物事が含まれます。ただいっしょにいるだけなら、それはルームメイトであって、妻や夫ではありません。たとえルームメイトとベッドをともにしているとしても、誰かと長年いっしょに暮らす結婚生活を理解できるわけではないのです。

結婚を外側から観察していたダーウィンにとっては、妥協しなければならないことのほうが圧倒的に多いように思えました。たしかに結婚には不自由さがつきものです。必ずしも自分の好きなところに住めるわけではなく、ロンドンを離れなければならないかもしれないというのも、本当のことです。時間の自由もきかなくなります。結婚すれば、秋と冬の日曜日は必ずアメリカン・フットボールの試合を9時間続けてテレビで見るという習慣も、やめなければならないかもしれません。性的な自由も、ほぼ間違いなく制限されるでしょう。まさに「できない」ことばかりです。

同様に、子どもを持つ場合はどうでしょうか。「できない」ことは、もっと増えます。親になると、もう本当の意味での休暇などありません。欲しい車があっても、後部座席がない車種ならあきらめます。そもそも、大学の学費を貯金して、ベビーシッター代を払って、おむつも買わなければならないのですから、どっちみち好きな車を買う余裕なんかないのです。子どもがティーンエイジャーになれば、パーティから無事に帰ってくるまで、起きて待っていなければなりません。

それも、あくまで男性の場合です。女性にとっては、「できない」リストは、もっとずっと長くなります。妊娠中は食事や飲みものが制限され、妊娠にともなうさまざまな体調不良に苦しみ、出産には死亡リスクがともないます。また現代社会では、母親になると、仕事と家庭の両立が男性の場合よりもずっと難しくなります。いったい誰が、みずから望んでこんな大変な思いをするというのでしょう。

トム・チヴァース［イギリスのサイエンスライター、作家］は著書『The Rationalist's Guide to the Galaxy（合理主義者による銀河へのガイドブック）』の中で、人工知能の影響力の研究者カーチャ・グレースの話を書いています。チヴァースが知り合った当時、グレースは子どもを持つかどうか迷っていました。そこで、子育ての現実を理解するために、グレースは「赤ちゃんロボット」を手に入れます。このロボットは、寝かされると泣き、夜中に何度も泣き声をあげるので、ミルクを飲ませたり、おむつを替えたりするために何度も起きなければならない生活をシミュレーションできるのです。

チヴァースは、グレースのこの試みを、子育てに向いているかどうかを確かめるのに役立つ「実用的な実験」として描いています。でも、私は同意できません。赤ちゃんロボットの世話と、実際の育児の大変さの違いは、短い講義を黙って聞くのと、5日間の沈黙修行の違いと同じくらい、かけ離れたものです。作家のエリザベス・ストーンが、痛いほど真実をつく表現でそれを伝えています。「子どもを持つという決断は、きわめて重大なものです。自分の心が体の外に飛び出して永遠に歩き回ることを受けいれる、そういう決断です」

では、親になることの利点はどうなのでしょう。外側から見れば、子どものいる夫婦は、重大な間違いをした愚か者としか思えません。いったい、どんな良い点があるというのでしょう？　ヘタな絵を冷蔵庫のドアに大量に貼りつけて、我が子にはたぐいまれな才能があると言いはること？　どちらも得点を決めないサッカーの試合を観戦しながら、「1か所に固まるな！」という親たちの叫び声の中で、何時間も寒さに耐えて過ごすこと？　幼すぎて字も読めない我が子に本を読み聞かせて寝かしつけること？　ミニバンが必要な言いわけができること？　いずれも、子どものためにはらう犠牲の大きさと比べると、見返りなどほとんどないように思えます。

ミニバンの例は冗談ですが、そんなふうに見返りがまったく見返りとして成立しないことも実際にあります。むしろ苦痛です。それが離婚の原因になる場合さえあります。子育てに関する徹底的にネガティブな意見を知りたければ、フィリップ・ラーキン［1922～1985年。イギリスの詩人］の詩「これも詩であれ」を読むといいでしょう。ただし、ラーキンに子どもがいなかったことは知っておいてください。それでも、独身生活の魅力や、その実際の様子は、一般的に、外側から見てもわかりやすいだろうと思います。想像が難しいのは、わざわざ、制約を受け入れると誓うことの利点です。少なくともダーウィンにとってはそうでした。

もしダーウィンのように、結婚や子育てが自分に向いているかどうか迷っているなら、結婚の長所や短所について経験を語ってくれそうな既婚者の友人に相談するのも、悪い考えではないでしょう。しかし、既婚者が結婚生活について「率直に」打ち明けてくれることは、かなりまれです。第1に、とても個人的な話に立ちいることになります。第2に、既婚者はたいていの場合、結婚によって自分がどう変わったかを、ほとんど自覚していません。そういうテーマで本を書くのでもないかぎり、深く考える機会はあまりないでしょう。第3に、既婚者の多くが、うまくいっているときとそうでないときの両方について正直にさらけ出すことに、居心地の悪さを感じるものだからです。自分の結婚生活が1日24時間、毎日、性的にも精神的にも愛に満ちた完璧に幸福なものというわけではない、と正直に認めるのは、それがたとえ心の中でも、難しいことでしょう。ましてや他人に対しては、もっとためらうはずです。

そして第4に、たとえ自分の変化を自覚していて、打ち明ける意志があったとしても、そのような感情を言葉にするのは、やはり難しいものです。実際にそういう感情を持っていないからではなく、既婚者になると話がヘタになるというわけでもありません。人間関係にまつわる感情は、どうしても複雑で繊細なものになりがちだからです。

独身のダーウィンは、結婚生活がキャリアを台無しにすると思うかもしれません。既婚者のダーウィンは、結婚生活にすっかり満たされて活力がみなぎり、より研究に打ちこめるかもしれません。想像していたよりもずっと「おしゃべり」が好きになる可能性すらあります。

もしダーウィンと私が親しい友人で、親になるとはどういうことなのかと尋ねてきたなら、私はきっと暖炉の火が燃え尽きて冷たくなって、空が白みはじめて街灯が消え、やがて朝日が昇ってロンドンの霧を吹き散らすまで、熱心に語りつづけることでしょう。子どもを持つと、自分の親との絆も深まるんです。それまで想像もしなかった意味で、両親を身近に感じるようになります。それは、およそ人間がなしとげうる、ほかの何とも違うのです。子どもを持つと、少しだけ自分を、永遠に不滅の存在だと感じられます。自分が変わり、世界に対する見方が変わるのです。

そして、シェイクスピア［1564～1616年。イギリスの劇作家］の新しい劇が発見されたと想像してみてください、と私はダーウィンに言います。シェイクスピアの最高傑作だと言う人もいて、今まで見たあらゆる作品がかすんでしまうくらい強烈な劇です。生々しい感情と情熱とユーモアと、滑稽《こっけい》さ、失望、勇気、恐れ、笑いに満ちている。そして、この上なく純粋な喜びも。今晩にも観にいくことができますよ。さあ、観にいきますか？

それは喜劇なのかな、それとも悲劇？　ダーウィンは尋ねます。ああ、残念ながらこの劇を観た人たちは、誰もその内容について話したがらないし、話すこともできないんですよ。それくらい強烈なのです。それに、上演のたびに結末が変わるので、ほかの人の感想を聞いても意味がありません。この壮大な作品に飛びこむ気持ちはありますか？　ほかの場所では決して見ることのない輝きに包まれるかもしれないし、心を引き裂かれて涙が止まらなくなるかもしれない。そうわかっていても、あえて飛びこみますか？　それでも、もし運が良ければ、愛する誰かが暗闇の中であなたに寄り添ってくれるでしょう。いっしょに物語を経験して、ともに笑い、泣いてくれます。

この劇を受け止めきれない人もいます。そんな経験はしたくないという人もいます。経験する機会を一度も与えられない人だっています。けれど実際に親になれば、物語がどこへ向かうとしても、その経験はかけがえのないものとなって、あなたの心を満たすでしょう。私はこの作品に夢中です。でもそれは、あくまでも私の場合。あなたがどう思うかはわかりません。

この説明で理解できましたか？　おそらくまだわからないでしょうね。ワイルド・プロブレムとはそういうものです。でも、人生の重大な決断をくだすというプレッシャーを少しだけ軽減できたのではないかと思います。この件については、あとでもっと詳しくお話ししましょう。

今のところはとにかく、ダーウィンは合理的な意思決定をしている、と思いこんでいるに過ぎないということを理解しておいてください。第1に、現実の長所と短所、特に長所は、実際に経験するまで想像ができません。第2に、ヴァンパイアの問題があります。独身のダーウィンと既婚者のダーウィン、どちらの意見を重視すればいいのでしょう。結婚して子どもがいる生活は、かなり面倒なものに見えます。それでも多くの両親が、子どもを持って良かったと感じているようです。ただ、もしかしたら、そう自分に言いきかせているだけかもしれません。彼らが真実を話しているとしても、ダーウィンには、自分も同じように感じるかどうかを知るすべがありません。

第3の問題もあります。結婚して子どもを持つのがどういうことなのか、思いきって飛びこむ前に想像しなければならないという難しさです。独身で子どものいない男性の視点から結婚と子育ての現実を探ろうとするダーウィンの試みには、一つ欠けているものがあります。それが何かのヒントはすでに書きましたが、ダーウィンのリストには、その点がまったく含まれていません。

そこで、何がリストに欠けているのかを調べるために、ワイルド・プロブレムに悩んだほかの科学者や分析的な思考者たちの例を見ていきましょう。彼らは一見、理屈よりも感情を重視して、重要な決断をしているように見えます。しかし詳細に調べてみると、その選択は決して非論理的ではないことがわかります。そこには、私たちがどう生きるべきかを教えてくれる、何か深遠なものがあるのです。

第4章

これはまじめな話だ！

なぜ彼らは合理的な手法を放棄したのか

さまざまな分野の専門家や科学者がワイルド・プロブレムにどう向き合ったかを知ることで、人生の重大な決断において、明るい街灯の下ではなく暗闇の中にあるものが見えてきます。まずはスタンフォード大学の統計学・数学教授、パーシ・ダイアコニス［1945年生まれの米国の数学者、元プロのマジシャン］の場合を見てみましょう。ダイアコニスは米国科学アカデミーの会員です。研究対象は、勝算、リスク、確率。いかにも合理的な考え方をする人のように思えます。ワイルド・プロブレムを正しく判断するためのツールをたくさん持っているに違いないと、誰もが思うでしょう。ところが、実際にワイルド・プロブレムに直面したとき、彼は自分の研究から編みだしたはずの合理的な手法を、放棄したそうです。以下は、意思決定に関する講演の中で彼が語った話です。

数年前、私はスタンフォード大学からハーバード大学に移籍するべきかどうかで悩んでいました。私が延々とその話ばかりするので、友人たちもうんざりしていました。ついにある友人が言いました。「君は意思決定セオリーの第一人者じゃないか。コストと利益のリストを作って、期待効用をざっと計算したらどうだ」。それを聞いて、私は考えるより早く口走っていました。「やめてくれよ、サンディ。これはまじめな話なんだぞ！」

まるでジョークのように聞こえますね。キャリア半《なか》ばでの大きな決断を慎重に検討するために、現状を変えることで生じるコストと利益を予測・分析する。これ以上まじめな話があるでしょうか？　しかしダイアコニスはこのとき、決してふざけていたわけではないと説明しています。彼は決断に悩むあまり、感情が不安定でした――思わず「口走る」ような反応をしたくらいに。しかし、どうしてそこまで「期待効用」の計算を難しいと感じたのでしょう（期待効用とは経済用語で、選択の結果に対する満足度を、できるだけ正確に分析した予測のことです）。

ダイアコニスは講演の中でこの逸話を披露したあと、意思決定の専門家としてはさらに衝撃的な発言をしています。コストと利益のリストはたしかに作るべきだが、それは選択肢を理論的に分析するためではなく、自分の「本当に求めているもの」を知るためだ、と論じたのです。本当に求めているものとは、心が熱望するもののことだそうです。奇妙な話ですよね。「本当に求めているもの」を見出したいからこそ、コストと利益のリストを作って、冷静に合理的な方法で分析するべきではないのでしょうか。

それから、ダイアコニスはある詩を引用します。数学者であり物理学も専攻したピート・ハイン［1905～1996年。デンマークの数学者・哲学者・デザイナー・詩人］の「Psychological Tip（心理的なヒント）」という詩です。このピート・ハインは、同じデンマーク人の偉大な物理学者、ニールス・ボーア［1885～1962年。デンマークの理論物理学者］と「精神的なピンポン」を楽しんだといいます。彼もまた、論理、推測、分析的思考、合理性について、深く理解していた人物と思われます。

しかしハインはこの詩の中で、難しい選択に悩んだときはコインを投げるといい、と綴《つづ》っています。裏か表かで決断するためではありません。ハインの言葉によれば「自分が何を望んでいるのか」を発見するためです。コインが空中でくるくる回っているあいだに、結果がどうなって欲しいと自分が望んでいるかに気づく。つまり、とっさの反応――頭ではなくて心、あるいは直観――にしたがうべきだと勧めているのです。うーん……数学者であり科学者でもある人の助言とは、とても思えませんよね？

フィービー・エルズワース［１９４４年生まれの米国の社会心理学者］はミシガン大学の心理学部教授であり、米国芸術科学アカデミーの会員です。彼女はダイアコニスと同じように、大学を移籍するかどうかという決断にせまられ、やはり似たような反応をしたと打ち明けています。エルズワースは「アーヴィング・ジャニス意思決定バランスシート」という言葉を使いますが、これはより専門的な呼び方をしているだけで、要は、コストと利益のリストのことです。

アーヴィング・ジャニス意思決定バランスシートを半分くらい仕上げたところで、

私は言いました。「おかしい、こんなはずじゃないのに！　なんとかして反対側にもっとプラスを増やさなくては！」

もはや合理的でもなんでもないように聞こえますよね。エルズワースは、私宛のメールで、この引用の内容を確認してくれたのですが、そこには以下のコメントが添えられていました。意識していたかどうかはわかりませんが、おそらく先のピート・ハインの言葉を引用したのだと思います。

こういうチェックリストの価値の一つは、感情的な反応が引きだされて、自分の本当に望んでいるものがわかることだと思います。コインを投げるのと同じです。どちらでもいいと思っていたはずなのに、裏か表かわかったとたんにがっかりしている自分に気づいて、実際は、どちらでも良いわけではなかったのだと判明するのです。

しかし、どうして合理的なはずの人たちが、感情的な反応を引きだしたいなどと考えるのでしょうか。エルズワースの言う「本当に望んでいるもの」とは、どういう意味なのでしょう？　本当に望んでいるのは、自分が一番幸せになれそうな選択ではなかったのでしょうか。その選択は、利益がコストを上回るものであるべきで、その逆であってはならないはずです。

この疑問に答えるには、チャールズ・ダーウィンの話に戻る必要があります。

ダーウィンと私が語り合った翌朝、彼から「一晩じっくり考えて結論が出た」という手紙が届いたと想像してみましょう。手紙には、また自宅に立ち寄ってもらえないだろうか、と書いてあります。図々しいお願いかもしれないが、君の意見は大変貴重だ、ぜひどう思うか聞かせてほしい、とのことです。

夜、クラブで夕食をとったあと、私は再びマールボロー大通りに向かいます。ダーウィンの部屋の応接室に続く階段をのぼり、再びこの偉大な人物と向き合います。私たちは前夜と同じように、勢いよく燃える暖炉の火の前で、例のすばらしく座り心地の良い、立派な背もたれつきのアームチェアに座ります。ダーウィンの顔が火に照らし出されています。ラフロイグの入った小さなクリスタル・グラスが用意されているのも、前夜と同じです。

また訪ねてくれてありがとう、とダーウィン、こちらこそ、お役に立てて光栄です、と私――そんな挨拶《あいさつ》もそこそこに、ダーウィンは前夜と同じ紙を私に手渡します。しかし、リストの「結婚する」側の下のほうには、彼の考えをまとめた数行が追加されています。まるで、心に浮かんだことをそのまま書きとったような、ジェームス・ジョイス［1882〜1941年。アイルランドの小説家、詩人］風の文章です。昨夜、私と話し合ったあと、部屋を行ったり来たりしながら独り言をつぶやく彼の姿が見えるかのようです。

ああ、一生を働き蜂のように過ごして、働いて、働いて、結局あとに何も残らないなど、とても耐えられない。だめだ、それではだめだ。煙臭くて薄汚いロンドンの家で孤独に丸一日を過ごす生活を想像してみろ。一方で、やさしい妻がソファに座り、暖炉には明るい火が燃え、本と音楽に囲まれた生活を思い描いて、これをマールボロー大通りの薄汚れた現実と比較してみるのだ。

そしてこの偉大な科学者は、リストの「結婚する」側の一番下に、こう書くのです。

結婚する――結婚する――結婚する。Q.E.D.

薄汚い家？　私は部屋を見まわしてみます。まあ、言われてみればそうかもしれません。かのチャールズ・ダーウィンと話をする機会に恵まれて有頂天だった私は、それまで部屋の装飾など目に入りませんでした。ダーウィンといっしょに薄汚れた自宅にいるなんて、かなり楽しい経験でしたから。ダーウィンが最後に書いた「Q.E.D.」という言葉も、なんて素敵なのでしょう。これはラテン語の「quod erat demonstrandum」の頭文字をとったもので、「かく示された」、つまり証明されたという意味です。私は、ダーウィンが、自分の決断がいかに科学的なものだったか誇示したかったのだとは思いません。科学者として、このフレーズで締めくくることで心が落ち着いたのでしょう。ある意味で、彼は問題を解決しました。決断をくだしたのです。

ですが、見たところ、手もとにある情報をまったく無視して、判断を誤ったようにも思えます。彼の結婚に関する知識と、あのリストをもとに判断したのだとしたら、いったいどこから「結婚する」という結論が出てくるのでしょう。何が彼を「結婚する」側へと踏みこえさせたのでしょうか。「ソファに座るやさしい妻」の理想的な姿？　そしてなぜ、研究にかける時間がたっぷりありそうな独身生活が、急に受けいれがたいものに変わってしまったのでしょうか。ほんの一晩前まで、結婚生活と子どもに時間を取られることが最大の懸念だったはずなのに？　一方で、あれほど失うのを恐れていたはずのロンドン生活、妻が田舎暮らしを好めば「ロンドンを追われ怠惰な愚か者に成り下がる」とまで書いて、離れることを嘆いていたはずの場所が、一転して魅力のない「煙臭くて汚いロンドン」になってしまったのは、なぜなのでしょうか。

歴史上最も偉大な科学者がついに正気を失った、と思う人がいてもおかしくありません。研究者としての人生、たゆみない努力と好奇心によって偉大な存在になるはずの人生とは、まったく逆の方向に向かおうとしているのですから。

そうではありません。彼は直観にしたがい、不完全なデータを無視しました。フィービー・エルズワースが打ち明けた話と同じことをしたのです。つまり、結婚するという選択肢にマイナスの項目が多すぎると気づいて、心の中でプラスの項目を追加し、「こんなはずじゃない」リストを修正しました。これは賢明な選択だと自分に言いきかせるように「結婚する」と三度も書いていますが、これは「こんなはずじゃない」という強い抗議の表れのように見えます。これに「！」がたくさんついて、結婚が「自分の本当に望んでいるもの」なのかどうか確かめるためにシリング硬貨を宙に投げれば、完全にエルズワースと同じです。そして、私は実際にはその場所にいませんでしたが、このダーウィンの日記はケンブリッジ大学図書館のダーウィン文書保管所に今でも保管されていて、そこには「結婚する――結婚する――結婚する」という言葉や、薄汚いロンドンの家のくだりも書かれています。私がここまで書いてきたダーウィンの言葉は、彼自身の手書きの文字で、すべてそこにあります。

平凡な人間は、しょっちゅう決断に迷い、やっと決めたかと思えば、理由をあとからこじつけます。そうやって、自分やまわりの人たちに対して、過去の決断や今後の予定を正当化するのです。けれど、ダイアコニス、ハイン、エルズワースは平凡な人間ではありません。優れた研究者、科学者、数学者、統計学者でありながら、非合理的な行動をとっているように見えます。

しかし、この人たちは決して「理屈を無視しろ」と言っているわけではありません。人間には、ただ経験したり感じたりすること以外にも何か大切なものがある、と言っているのです。ワイルド・プロブレムに直面したときに私たちが選びとろうとしているものは、単なる未来の経験だけではない、もっと大きな何かだ、と伝えようとしているのです。

ダーウィンが作ったような意思決定のためのコスト・利益リストは、通常、それぞれの選択肢の結果の満足度を予想してまとめたものです。結婚したら、親になったら、今より幸せと感じるだろうか、それとも不幸になるだろうか。今の仕事よりも新しい仕事のほうが気に入るだろうか。オースティンとボストンの会社から同時に採用通知をもらったとしたら、どちらの仕事がより楽しくてやりがいがあるだろう。ボストンはとても寒いけれど、シーフードがおいしいから我慢できるかもしれない。ニューイングランド地方［ボストンを含めた米国北東部を指す］に住めば、美しい紅葉が毎年楽しめる。一方、オースティンに紅葉はないけれど、それを補って余りあるくらい音楽シーンがすばらしいかもしれない。

これらはすべて、基本的に功利主義的な考え方です。功利主義というアプローチは、ジェレミ・ベンサム［1748〜1832年。イギリスの哲学者、経済学者、法学者］によって編み出されました。ベンサムは1789年に出版された著書『道徳および立法の諸原理序説』（筑摩書房ほか）の中で、人間が重視するものは二つあり、それは快楽と苦痛である、と述べています。そして、何か決断をくだすときは選択肢を分析し、苦痛に対して快楽が最大となるものを選ぶべきだとしています。ベンサムは、ある行動や政策から生じる結果のうち、悪いことを上回る良いことを、まとめて「効用」と呼びました。

効用とは、人間に喜びを与えるものの総称であり、身体的な意味でも精神的な意味でも使われます。ベンサムは効用を「利益、利点、快楽、善、幸福」としました。表面的には理屈が通っているように見えます。決断をくだすときは誰でも最適な選択肢を探すものです。そのために、選択の結果の満足度を正確に予測したいと思うのは当然だし、それも、身体的だけではなく精神的にどう感じるかを知りたいと思うでしょう。こうしたベンサムのアプローチは、いわゆる合理的な選択という経済学者の考え方の基礎となりました。

ベンサムと経済学者の、人間の経験に対する見方によれば、人生とは巨大な遊園地で過ごす一日のようなものです。人間は、その中で一定の金額を使って、数に限りのあるアトラクションを経験します。お金は無限ではないので、求めるものをすべて手に入れたり経験したりすることはできません。理屈にしたがえば、自分が楽しめそうなアトラクションを探し、そうでないものは避けることになります。同じアトラクションに二度以上乗ることもあるでしょう。新しいアトラクションを試すよりも、そのほうが得られる楽しみが多いと予測した場合です。経済学者は「人生の目標は、限られた収入と時間を使って最大の満足を集めること」と考えるのです。

このような経済学者の考え方、つまり功利主義の考え方では、人生とは感情の連なりに過ぎません。満足と失望、苦しみと喜び――。ほかに何があるでしょう？　経験とそれに対する感情、それが人生を構成するすべてではないでしょうか？

そうかもしれません。しかし、ダーウィンやこの章で紹介したほかの科学者、研究者たちがワイルド・プロブレムに直面してあれほど悩んでいたのは、人間には、単純なその瞬間、瞬間の喜びや苦しみ――私はこれを狭義の功利主義と呼びます――だけではない、もっと大切な何かがあると気づいていたからではないかと思います。

では、その大切な何かとは何でしょう？　この科学者たちが一見、非合理的な行動をとり、直観や本能にしたがって、理屈が正しいと指し示すものとは違う選択肢を選んだのは、なぜなのでしょうか？

人間が重要だと思うものは、その場かぎりの喜びや苦しみだけではありません。私たちは人生の目的、人生の意味を求めます。自分を超える何か大きなものに属したいと望み、向上心を持ち、重要な存在になりたいと願います。ほかのすべてを超越したこの感覚――一般的な意味での幸せや、刹那的な快楽よりも大切な人生の手ごたえ――が、自分らしさや理想の自分のイメージを形づくります。このような希求は、充実した人生の中心にあるものです。

充実した人生とは、ただ快適なだけの人生とは違います。ギリシャ人は、人生が充実している状態をユーダイモニアと呼びました。この言葉は「幸福」とか「満足」とも訳されますが、それでは完全には言葉のニュアンスが伝わりません。「繁栄」のほうが近く、本書ではこの言葉を使おうと思います。

「繁栄」という言葉は、二つの意味で日常的に使われます。一つめは、一般的に物資的・金銭的な意味での成功という意味。二つめは、本書での使い方で、生命力にあふれ、いきいきとしているものを形容する言葉です。何かが美しく賞賛に値するものになるとき、それは繁栄していると言えます。私たち人間は、与えられた環境を最大限に活用して、人としての潜在能力を存分に発揮することで繁栄するのです。

人として繁栄するには、人生を精一杯に生きなければなりません。単純に喜びをかき集めて、苦しみを避けるだけの人生では十分とは言えません。誠実さ、美徳、目的、意義、尊厳、自律性をもって生き、行動する必要があります。人生におけるこのような側面は、定量化するのが難しいだけでなく、人間がコストをかえりみずに優先するものでもあります。結婚したり子どもを持ったりするのは、それが楽しいからとか見返りがあるからではありません。子どもを持つ人生は、ただ子どもがいる生活にともなう喜びや苦労が蓄積するだけの人生ではないのです。人が子どもを持つのは、たとえ銀行口座の残高が乏《とぼ》しくなろうと、それが人生全体を豊かにするからです。

ワイルド・プロブレムに対する決断は、単なるコストと利益の積み重ね以上のものを、その後の人生にもたらします。選択の結果がうまくいけば、それは自分の存在意義を確立し、人生に意味を与えます。うまくいかなかったとしても、難しい問題に取り組むこと自体が、人として生きることの一部です。ワイルド・プロブレムに向き合うときは、その後の人生が繁栄するかどうかを重視しなければなりません。

ダーウィンが試みたような方法ではワイルド・プロブレムの決断が難しいという理由を、以下にまとめてみましょう。

- ダーウィンは、夫・父親としての日常生活、特にその長所を想像できない。したがって、予測されるコストが予測される利益を上回るかどうか判断できない。
- たとえ日常生活を想像できるとしても、まだヴァンパイア問題が残っている。コストと利益に対する感じ方は、結婚して子どもを持つと変わる。
- 最後に、夫・父親としての人生には、単なる毎日の経験の積み重ねよりも大きな意味を持つ側面があり、私はそれを「繁栄」と呼ぶ。ダーウィンは、どうすれば繁栄を考慮に入れられるだろうか？

経済学者なら「ダーウィンのコスト・利益リストに、繁栄の側面を追加すればいい」と即答するでしょう。自分にとって重要な物事、つまり満足感や喜びを生み出すものすべてを考慮に入れるのが合理的な考え方のはずです。この場合、合理的な選択肢とは、総合的に最大の満足感を得られる選択肢だということになります。経済用語で言えば、繁栄の側面を効用関数（自分にとって大切なものの価値を示す数値）に取りこめばいいのではないでしょうか。実は、そうした手法も、思ったほど役に立たないのです。その理由を次章で説明しましょう。

第5章

功利主義の敗北

あなたの将来を左右する新たな価値観の発見

もう一度ダーウィンのリストを見て、その場かぎりの喜びや苦しみのような狭義の功利主義的な要素だけではなく、結婚や子育てに関わる、もっと大事な要素を付け足してみましょう。それは、繁栄に関する要素です。わかりやすいように、下線を付けてみました（次ページの表を参照）。

結婚のプラス面	結婚のマイナス面
ともに過ごす相手がいる	ロンドンを離れなければならないかもしれない
ともに楽しむ相手として犬より良い	自由な行動ができなくなる
音楽を聴く楽しさ	社交クラブでの知的な会話ができなくなる
女性とのおしゃべり	妻の親戚を家でもてなすために時間を無駄にする
もっと意味のある人生	妻の親戚を訪ねるために時間を無駄にする
なりたい自分（夫、親）になる	史上最も偉大な科学者のひとりになれないかもしれない
子どもが老後の面倒を見てくれる	子どもにかかる費用
働きすぎて健康を害さないよう妻が気をつけてくれる	子どもに関する心配ごと
家事をしてくれる人がいる	家族に対する責任から来る、その他の心配ごと
	夜の読書ができなくなる
	家族を養うために研究以外の仕事をしなければならないかもしれない

予想されるコストと利益のリストに繁栄の要素を追加するのは良い考えのように思えるし、アーヴィング・ジャニス［1918〜1990年。米国の心理学者］とレオン・マン［1937年生まれのオーストラリアの心理学者］も、共著の『Decision Making（意思決定）』の中で、私の考える狭義の功利主義的要素に加えて考慮すべきものとして、自己肯定感と自己否定感をあげています。しかし、本当にこれでうまくいくのでしょうか。

ベンジャミン・フランクリンは、プラスとマイナスの項目を組み合わせて相殺するという方法を提案していましたが、このリストでそれを実行したらどうなるでしょう。馬鹿げた質問かもしれませんね。「意味のある人生」という利点と相殺できるコストなど、選びようがないのですから。思わず「やめてくれよ、これはまじめな話なんだぞ！」と口走りそうです。

自分は偉大な科学者になると信じていたダーウィンにとって、その夢をあきらめることと引き換えになるような喜びや慰めなど存在したでしょうか。これでは、意思決定の手法というより「仲間はずれを三つ見つけましょう」という間違い探しゲームです。

それにしても、どうしてこの種の比較は、これほど難しいのでしょう。ビーチリゾートで日焼けしながら読書する休暇と、山でハイキングする休暇は、まったく違います。でも普通は、比較も選択も簡単にできるはずです。それが、ワイルド・プロブレムの繁栄に関わる要素と「日々の単純な喜びや苦しみ」の比較となると、どうしてここまで難しくなってしまうのでしょうか。

繁栄は、日々の単純な喜びや苦しみとは、量的にも質的にも異なります。なぜ量的に異なるかというと、人生の目的、意味、尊厳、自分らしさといったものは、ただおいしいものを食べるとか車のタイヤがパンクするといった経験――喜びや苦しみのインパクトが比較的小さい経験――よりも、人生の総合的な幸福感に大きな影響を与えるからです。しかし、決定的な違いがもう一つあります。それは、おいしい食事から得られる喜びやタイヤがパンクすることによる苦痛は、どちらもその場かぎりだという点です。そのときだけ感じて、やがて消えてしまいます。一方で、繁栄による幸福感は持続し、日々の苦楽すべてを包み込みます。

人間の本質は、日々のその場かぎりの喜びや苦しみという感情とは、簡単に比較できないのです。自分は本質的に何者なのかという感覚は、そのような個々の感情をはるかに超えたものだからです。目的、意味、尊厳、配偶者であること、親であること。人生におけるこういった側面は、単純に楽しいとか楽しくないというようなものではありません。それは、私たちの存在を定義し、特定の一日ではなく、人生全体に影響をおよぼします。

ジョン・スチュアート・ミル［1806～1873年。イギリスの哲学者、経済思想家］は、「満足した豚よりも、不満足な人間であるほうが良い。満足した愚か者よりも、不満足なソクラテス［紀元前470年ごろ～紀元前399年。古代ギリシャの哲学者］でいるほうが良い」と言いました。これもまた「何を経験するかよりも、どういう人間でありたいか、いかに生きるかのほうが重要である」ということの、別の言い方です。

ハーバード大学心理学教授のダニエル・ギルバート［1957年生まれの米国の社会心理学者］の意見は違います。ギルバートは学問の世界で、幸せのエキスパートに最も近い存在です。幸せを科学的に分析する彼のTEDトーク［さまざまな分野の専門家が講演するカンファレンス、TEDの動画］は1900万回以上も視聴されました。本人も、明るくて思慮深く、面白い人物です。彼の主張によれば、重要なのは、人間が一生のうちで経験する満足と不満足の割合のみ、ということになります。

ギルバートは次のような想像を使って説明しています。

「恥知らずで快楽主義者の私は、オリンピックに使えそうな広いプールで幸せな気分で泳いでいる。肌に、冷たい水と温かな日差しを感じる。快楽に身をひたすこの状態は、とにかく楽しいとしか言いようがない。ときどきプールから上がり、ふと自分の人生の空虚さに気づいて罪悪感を覚える。それからプールに戻って、またひとしきり泳ぐ」

つまり、1日のうち23時間はプールで泳ぐ豚として楽しく過ごし、残りの1時間は哲学者として、むなしい豚的な人生を反省するというわけです。

ギルバートは、どちらの感覚も自己完結していると論じます。豚でいるあいだ、つまりプールで泳いだり、おいしい食事や刺激的な性的経験を楽しんでいるときは、人生の意味とか自分のアイデンティティとかについて考えたりしません。哲学者の自分は存在しないのです。ただひたすら楽しいと感じるだけで、自分の人生に意味があるのかとか、こうしてプールで泳ぐのは道徳的に正しいのかとか、自分の価値観に一致しているかなどといった問いかけは、頭に浮かびもしません。やがて、「内なるミル」がよみがえる例の1時間がやってくると、やはりこんな人生ではだめだ、と落ち込みます。しかし、このときは哲学者の自分に切り替わっているので、内なる豚の感覚とは切り離されていて、残りの23時間の生活の喜びを正当に評価することができません。

ギルバートの結論は、豚と哲学者はそれぞれ感覚が独立しているのだから（ヴァンパイア問題に似ていますね）、どちらの経験も同じくらい重要なはずだ、というものです。そして豚の満足と哲学者の不満足のうち、時間が長いほうが勝つと主張しています。大事なのは、豚の満足あるいは哲学者の不満足がどれくらい長く続くかだけ。豚でいる時間が哲学者として苦悩する時間より長ければ、それは良い人生なのだという考え方です。

おそらくヒュー・ヘフナー［1926〜2017年。米国の実業家、雑誌『プレイボーイ』の創刊者］やソクラテスのような例外をのぞいて、ほとんどの人間は、恥知らずの快楽主義者と悩める哲学者が混じりあった存在です。日々の喜びを味わい、苦痛はできるだけ避けます。その瞬間、瞬間の喜びは、もちろん大事です。そのことも忘れないように、シンプルで満ち足りた状態を思い浮かべてみましょう。例えば、旧約聖書の預言者ミカが描写した「良き生活」――人びとが自分のブドウとイチジクの木の下で、何にもおびやかされることなく、安心して座っている風景。あるいは、我が子が初めて歩いた瞬間の感動。楽しいハイキングの途中、山の頂上をめざしながら見た、雲間から差しこむ太陽の光が眼下の谷を照らしだす光景の美しさ。たしかに、このような瞬間に感じる喜びもまた、人間の経験としてとても大事なものです。

しかし私たちの多くは、その瞬間だけの満足感や喜び以上のものを求めます。人生の目的と意味を求め、道徳的に正しい行動をしたいと望みます。友人や家族とのつながりを大切にします。親しい人びとに対してどう振る舞うべきかという理想があります。そして、目的と意味を手に入れ、正しい行動をとるためには、ある程度の苦しみに耐える意思を持っています。自分は何者なのか、どんな人間でありたいか、どんな生き方がしたいのか。そのような問いかけが、人生の大きな決断の際に重要な意味を持ちます。ミルは、それこそが人間らしい生き方だと言っているのです。

私たちの多くは、その瞬間はどれだけ楽しくても、23時間もプールで泳ぎたいとは思いません。その後に自分を見つめ直す1時間は、ただ単に失望するだけの1時間ではすまないでしょう。快楽を求める自分と、内なるもうひとりの自分との葛藤というものは、プールサイドで体を拭きながら反省しているときだけ、ふと心をよぎるようなものではないのです。それは、後悔や失望をともない、おそらく、その後の人生にもつきまとうはずです。

私にも、夫でいることや親でいることが楽しめない日はあります。正直に言えば、わりとたくさんあるかもしれません。ですから、楽しい日よりも楽しくない日のほうが多い、という人がいても驚きません。しかし私たちの多くは、どんな生き方をしたいか、どんな人間でありたいかを、ギルバートが提唱した多数決のようなやり方——一生で経験する喜びと苦しみを比べて、どちらが多いかを調べる——で決めたりはしません。人生において大切なものはその瞬間、瞬間の経験だけではないのです。達成感のある充実した人生とは、単純に喜びのほうが苦しみよりも多くなるように集めるだけの人生ではありません。

楽しいことばかりの50年間を過ごし、その後に後悔と反省の20年間を過ごすのは、20年間の苦労のあとに50年間の幸せを味わうのと同じではありません。楽しい年月が先に来るのかあとに来るのかは、重要な違いです。つまり、単純にコストと利益を集計してどちらが多いか比べるだけでは、良い人生かどうかは決められないということです。人間には、その場かぎりの喜びと苦しみの合計以上に大切なものがあるのです。心から大切だと信じるもののためには、ある程度の苦しみには喜んで耐えるのです。たとえ、それを達成して得られる喜びよりも、苦しみのほうが長い時間、続くとしてもです。

多くの人にとって、ヴァンパイアになるというのは、ただ未知の体験というだけではなく、道徳に反する行為でもあります。たとえ、ヴァンパイアになることを選んだ人たちが新生活を謳歌していて、血を飲まない哀れな人間を軽蔑していたとしても、多くの人は、ヴァンパイアになるなんてどう考えても間違っていると感じるのです。永遠の命を手に入れて、夜になると棺の外に出てくる生活がどれほど幸せだろうと、関係ありません。それは、なりたい自分ではないのです。

ヴァンパイアになるかどうかの決断は、実は、それほど手ごわいワイルド・プロブレムではなく、むしろテイム・プロブレムです。私はヴァンパイアになりたくありません。非道徳的だからです。ヴァンパイアになる前よりも、なったあとのほうが幸福度が高くなると言われても、誘惑は感じません。ひとたびヴァンパイアになれば永遠の命を快適に感じるとわかっていても、私はあくまでも人間らしい良心を維持して、今の自分のままでいたいと思います。

コストと利益を比較して生き方を決めるのは、やはり間違っています。繁栄は、それよりも見えにくい形で、日々の喜びや苦しみ全体に大きな影響を与えます。日々の経験を超越すると同時に、もっと豊かなものへと引きあげるのです。

親になると、自分の存在意義や責任の感覚が変わります。この自意識——親としての自覚——は、日々の個々の経験を超越します。何を経験するかよりも、まずは親であることが大事になるのです。親になると、子どもという新しい生きものが人生の一部になり、そのおかげで日常生活の味わいも深くなります。今まで気づきもしなかった小さなことが、魔法のように思えます。毎日の生活の感触が変わります。もちろん楽しいことばかりではありません。子どもを持たなければ関わらずにすんだはずの不安や苦労もあります。自分ではない人間と、二度と取り消せない絆で結びつけられ、それ以降は何ひとつ、以前の人生と同じではありません。

ゴルフのような趣味はリラックスに役立ちます。趣味は心のオアシスとなり、日常生活のストレスの原因も忘れさせてくれるでしょう。瞑想や宗教などの精神修行にも、同じ効果があります。しかし精神修行の理想的な効果は、瞑想中や修行中だけではなく、その後も長く続きます。何らかの形で自分が変わり、物事の感じ方だけではなく、自分は何者なのかという意識自体が変わります。自分は何者なのかという感覚が変わると、それにともなって、他者をどのように扱うか、社会にどう関わっていくかが変わります。精神修行はまた、美しいものを見たとき、悲しみを感じたとき、その他、重要なものからささやかなものに至るまで、あらゆる経験に「深み」を与えてくれます。

ヴァンパイアになれば、その変化の影響を受けるのは、血を飲んでいるときや棺で眠っているときだけではありません。毎日24時間、ヴァンパイアとして存在しつづけるのです。ワイルド・プロブレムとは、そんなふうに一つの存在の状態を選ばなければならない問題であり、選択の結果は、良くも悪くも人生を丸ごと変えてしまいます。これほどの重大な変化を、コストと利益の比較で分析できると思うのは、大いなる錯覚に過ぎません。

それにしても、喜びよりも苦しみのほうを多くもたらすことをあえて選ぶなんて、まったく合理的には聞こえませんよね。本当に、嬉しいことや楽しいことより苦痛や面倒のほうが多いとわかっていて、みずからその道を選ぶ人などいるのでしょうか。いったい誰が、心の痛みや不安を、進んで引き受けるというのでしょう。

人間です。

私たち人間は挑戦が好きです。だから俳句を詠《よ》み、戦争のまっただ中に陸軍に入隊し、ただそこに山があるという理由で高峰に挑《いど》み、マラソンに参加し、無償でボランティアの仕事をするのです。苦しみは、特にそれが理想の実現のために必要なものであれば、人生の意味の源になります。これは決して非合理的な行為とは呼ばれません。むしろ尊敬の対象になることのほうが多いでしょう。

あるとき、私と妻はＲＥＩ［米国のアウトドア用品店］に買いものに行きました。妻が姉妹で５日間のハイキングの旅に出かけるので、そのための装備が必要だったのです。そこで販売員に、そのハイキングはタイプ１か、タイプ２かと尋ねられました。違いは次のとおりです。タイプ１のハイキングは常に快適で、ストレスを感じるような行程はなく、全体的にポジティブ。ハイキング中も楽しく、あとから思い出しても楽しい。例えばビーチで終日のんびり過ごしたり、公園を散歩したりするのがタイプ1です。

タイプ2のハイキングはハードです。苦痛に耐えなければならない状況に何度も遭遇します。急傾斜の登山道を一気に登らなければならない日があったり、靴を脱いで川を渡らなければならず、水が冷たくて足の感覚が麻痺したり、重い装備を背負って歩きつづけて背中や足が痛くなったりします。

けれど、タイプ2のようなハイキングこそが、決して忘れられない経験となり、人間をより強くしてくれます。試練を乗り越えることで達成感を得られるからです。その経験を通して、自分について新たな発見ができます。ただ楽しいだけではない、特別な高揚感を得られることもあります。たしかにその最中は、楽しいとは(あまり)思えないかもしれません。でも終わったあとは、楽しかったと心から思うし、それはタイプ1の場合とは違う種類の感慨なのです。

そして人間はときどき、あえてタイプ2の経験を選びます。ただの試練としてではなく、何か深遠で意味のあるものを学べるチャンスとして、自分の中の最高のものを引きだして成長させてくれる何かを、もうひとりの人間とわけあうチャンスとして選ぶのです。結婚と子育ては、タイプ1よりもずっとタイプ2に近い経験です。ビーチでのんびり過ごすような一日ではなくても、大方の日は、この経験ができて良かったと思えます。人生を左右するような大きな決断には、必然的に、楽しい経験とハードな経験の両方が関わってきます。そしてその経験の最中だけでなく、終わったあとも、長く続く深い感慨をもたらすのです。

教え子に難題を与える教師の寓話があります。教師は言います。ここに大きな岩の塊《かたまり》が一つと、てっぺんまで100段の階段が続く塔がある。この岩を、塔の一番上まで運んでいきなさい。教え子は重い岩を抱え、塔の入り口まで行きます。しかし入り口は狭く、岩は大きすぎます。岩をどんな角度にしても通り抜けられません。こんな課題は不可能です、と教え子は訴えます。すると教師はハンマーで岩を砕き、小さくなったかけらがすべて入り口を通れるようにします。教師は言います。この岩はおまえの心だ。一度傷ついて砕けた心だけが、高みに到達できるのだ。

年齢を重ねるにつれて、試練を乗り越えた経験、特に心が砕けるような悲しみを乗り越えた経験は、ただ人を強くするだけではないことがわかってきます。それは、その後のすべての人生経験をより豊かに、より充実したものにしてくれます。年齢を重ねると、ただ甘いだけのチョコレートではなく、ビタースウィートな味わいのチョコレートを好むようになるのです。

コストと利益のリストについては、私が「狭い功利主義」と呼ぶ要素に、繁栄という要素を付け加える方法よりも、もっと効果的なやり方があります。功利主義と繁栄、この二つをまったく別のものと見なして、どちらを重視すれば自分の理想の生き方に近づけるかを考えるのです。そうすれば、繁栄の重要性も、おのずと明らかになります。ワイルド・プロブレムのさまざまな例を見て、繁栄することと、その場かぎりのコスト・利益とを並べ、選択肢ごとに比べてみましょう。これから見ていくとわかるように、最終的な決断の決め手になるのは、多くの場合、その選択肢で繁栄できるかどうかなのです。でも、本当にそれが正しい決断方法なのでしょうか。考えるのはみなさんです。繁栄とその場かぎりの経験、どちらを選べば何が変わるのかを比較してみれば、きっとみなさんの進むべき道も見えてくると思います。

第6章

豊かさとは何か

進むべき道を知るためのケーススタディ

２０２０年にエルサレムのシャレム・カレッジの学長に応募してほしいと頼まれたとき、私は最初、あまり興味を持ちませんでした。当時の私はスタンフォード大学フーヴァー研究所の特別研究員として、知的好奇心にまかせて好きなテーマを選び、自宅で仕事をしていました。自宅で過ごすのが好きだったし、地元のコミュニティも気に入っていました。妻ともすばらしい信頼関係で結ばれていましたし、給与も文句なしでした——以上は、学長の仕事を断るポジティブな理由です。

さらに、イスラエルでの仕事を引き受けたくない、ネガティブな理由もあります。自宅を売り、家財を整理して、倉庫に保管するものとイスラエルに持っていくものに、仕分けなければならない。大学の学長として務まるかどうかわからないし、家族や親しい友人から遠く離れるのも不安。私のヘブライ語は、とてもじゃないけれど流暢《りゅうちょう》とは言えない。イスラエルの、あまり友好的ではないかもしれない文化に適応する必要がある。

狭義の功利主義に基づくならば、考えなくても答えは出ます。こんな仕事を引き受けるのは愚か者だけです。多くの友人や家族にも、断るべきだと言われました。

しかし、自分は何者なのか、どういう人間でありたいのかという観点から見た場合、今度は考えなくても逆の答えが出ます。シャレム・カレッジは、プラトン〔紀元前４２７～紀元前３４７年。古代ギリシャの哲学者〕やホメロス〔紀元前8世紀末の古代ギリシャの詩人〕といった古典的な西洋の思想を、伝統的なユダヤ教の教えと融合させる学問を必修科目とする、イスラエル唯一の人文学系《リベラル・アーツ》の大学です。これらの思想が投げかける「良き人生とは」という本質的な問いと、それに対するアテネ〔ギリシャの首都〕とエルサレムの答えは、私が強い関心を持つテーマでした。

私は、ユダヤ人のひとりとして、イスラエルという国の壮大な実験を長年、気にかけてきました。イスラエルの次世代リーダーの育成をめざす機関で重要な役割を果たせるなら、それは私にとって特権であり本望です。私は、いわゆる進歩的な教育に深く関わることになります。シャレム・カレッジの新学部長レオン・カス［1939年生まれの米国の医師、科学者、教育者］が、歴史の偉大な教科書や思想家たち「から」学ぶだけではなく、「ともに」学ぶ、と強調する教育課程です。当時のイスラエルでは、コンピュータ・サイエンスやエンジニアリングを重視する傾向が強まりつつあり、一方の西洋では、教育のあるべき姿と私が信じるやり方に対して、風あたりが強くなってきていました。この場所で、このタイミングで、この仕事を引き受けるのは、非常に魅力的な機会でした。やがて実際に仕事をオファーされたとき、どうしてノーと言えたでしょう。私は仕事を引き受け、妻とともにイスラエルに引っ越しました。

これは理屈を無視した決断でしょうか。経済学者ならきっと「仕事から得られると期待する自尊心や満足感という利益が、引っ越しや今の生活を手放すというコストを上回った」と分析するでしょう。それもまったく間違いではありません。私は、この仕事を得るためならどんな苦労にも耐える、と思ったわけではありませんでした。収入が極端に減れば、家族の未来が危機にさらされます。妻はこの新たな冒険と不安な移住を喜んで受け入れてくれましたが、もし彼女が反対していれば、私は仕事を断ったでしょう。もし利点が極端に少なければ、やはりノーと言っていたはずです。例えばこれがブルガリアの小さな人文学系の大学の学長というポジションであれば（私のブルガリア語はヘブライ語よりももっとひどいし、ブルガリアはユダヤ教徒の故国ではありません）、当時の好環境を手放してまで手に入れたいと思うほどの利点はなかったでしょう。

ですから、狭義の功利主義的な考え方も、決断に無関係だったわけではないのです。しかし、決め手となったのはやはり、繁栄に関わる要素でした。これは私がやるべき仕事だ、私の天職だ、と感じたからこそ、この仕事を引き受けたのです。もしこのとき断っていたら、自分自身を、一番重要な部分で裏切ってしまったと感じたでしょう。

ではここから、さまざまなワイルド・プロブレムをとりあげて、繁栄が功利主義的な考え方とどのように関わっているのか、そしてどのように決断に影響を与えているかを見てみましょう。

ダーウィンの例でわかるように、結婚するかどうかは、単純にもうひとりの人間が同じ家のベッド、キッチン、ソファにいる生活をどう感じるかでは決められません。結婚すれば夫になる、あるいは妻になるのです。アイデンティティが変わり、生き方も変わります。誰かの配偶者であるという意識は、日々の経験を超越し、同時にそれを、より豊かなものへと引き上げます。

結婚と子育て

子どものいる生活の中で経験するのは、我が子が高校の野球部の試合で右中間にツーベースヒットを打ったときの嬉しさとか、志望校の大学に受からなかったときの悲しみといった、毎日のアップダウンだけではありません。赤ちゃんロボットを持ち歩いて過ごせば、子育ての苦労を少しは理解できるでしょう。けれど、子どもを持つといかに親としての自覚が生まれるか、その変化がいかに日々の経験に影響するかについては、何も教えてくれません。子育てが人生に意味を与える、という実感も得られません。

結婚と子育てに関する繁栄の側面についてここまで強調してきたのは、それが日々の経験そのものよりも見えにくいものだからです。もちろん、結婚せず子どもも持たないほうが繁栄できると考える人もたくさんいます。フランツ・カフカ〔1883〜1924年。チェコの小説家〕もまた、ダーウィンと同じように、日記の中で結婚するか否かのリストを作りました。カフカは作家、ダーウィンは科学者です。カフカはプラハ出身、ダーウィンはロンドン出身。カフカはユダヤ教徒、ダーウィンは、少なくともリストを作った当時はキリスト教徒でした。これだけの違いがあっても、ふたりの懸念は非常に似通っていました。カフカのリストは次のとおりです。文章はすべてカフカの書いたままですが（1910年〜1923年の『日記』〔新潮社ほか〕からの引用）、読みやすく簡潔にするため、また現代の文章にするため一部を編集しています。〔　〕内は私のコメントです。

1 自分ひとりでは人生の過酷さに耐えられない。〔では結婚しよう！〕

2 〔結婚に関する〕すべてが、考えた瞬間に私をためらわせる。〔おっと、まだ結論を出すのは早すぎた〕

3 私には圧倒的な孤独が必要だ。これまで達成してきたものも、すべて孤独から生まれた。〔やはり結婚しないほうが良さそうかも〕

4 私は文学以外のすべてを憎んでいる。あらゆる会話は退屈だ（文学関係の会話を含めて）。誰かを訪ねるのも退屈だし、親族の幸不幸など心底、退屈だ。会話は、私が考えるあらゆる物事の重要性、真剣さ、真実を奪ってしまう。〔まず間違いなく、結婚しないほうが良い〕

5 他者と絆を結び、同化してしまうのが怖い。二度と孤独に戻れなくなる。〔前項に同じ〕

6 今まで、姉妹といるときの私は、他人といるときの私と完全に違う人間だった。恐れを知らず、パワフルで人を驚かせ、感情豊かだった。ほかに私がそうなれるのは、執筆しているときだけである。妻の仲介があれば、私は誰の前でもそのように振る舞えるかもしれない！　しかしその代わりに執筆が犠牲になるのではないか？だめだ、それだけはだめだ！〔妻はある意味で繁栄をもたらすかもしれないが、そもそも執筆なしに繁栄はありえない〕

7 独身ならいつか仕事を完全に放棄することもできる。結婚すれば、それは絶対に不可能になる。〔つまり結婚すると作家になれる可能性がなくなる。したがって、結婚しない——結婚しない——結婚しない。Q.E.D.〕

結局カフカは生涯、結婚しませんでした。ダーウィンのリストにもあったように、カフカも結婚すればできなくなること、つまり執筆に固執していました。彼の場合、執筆とは、誰にも干渉されない孤独とほぼ同義でした。このように、カフカを含む一部の人びとは、繁栄のために結婚しないことを選ぶのです。

住む場所

ロヤ・ハカキアン［1966年生まれの米国の作家、ジャーナリスト］は10代のときにイランから米国に移住しました。彼女は著書『A Beginner's Guide to America(アメリカ初心者向けガイド)』の中で、生まれ育った国を出てまったく異なる文化に飛びこんだときの、目が回るような混乱を鮮やかに描いています。いくつもの感動や歓喜の瞬間があり、ときに深い失望も経験します。しかし、異国への移住にともなう一連の出来事をただ並べるだけでは、その体験を完全に伝えることはできません。移住によって、自分は何者なのかという感覚が変わることも考慮に入れなければなりません。ロヤ・ハカキアンの場合は、アメリカ人になりました。この重要な変化が、楽しかったり悲しかったりした経験の全体に重なっているのです。

移民の人びとに「アメリカに来て良かったと思いますか？」と尋ねれば、彼らは自由のすばらしさや、母国の独裁政治や経済危機から脱出できた解放感について熱く語るかもしれません。しかし彼らのそんな回想の一部、あるいは大部分は「アメリカ人になる」というアイデンティティの変化、そして、その変化が移住にともなう経験のすべてに影響を与えたことに深く関連しているはずです。

住む場所を選ぶときに重要なのは、単純にどちらの気候がいいか、仕事があるか、近くにいい観光地があるか、食べものがおいしいか、などだけではありません。どこに住むかによって、どんな生活になるかだけではなく、自分のアイデンティティも変わるのです。

私と妻はイスラエルに引っ越し、イスラエルの国民になりました。ヘブライ語でアリヤーと呼ばれる手続きです。イスラエル国民になれば、就労ビザ関連の金銭的負担が若干、軽くなります。しかし私たちがアリヤーを実行したのは、お金を節約したり、車を買うときの税金を軽くしたりするためではありません。私たちはアイデンティティの変化、つまり自分が何者かという意識の変化を受け入れたいと思いました。市民権を強く望んでいたし、2千年前に統治権を持って暮らしていた土地へ国民が戻ってくるという、歴史上最も注目に値する国家レベルの実験に参加したかったのです。

イギリスがEUにとどまるか離脱するかについて国民投票を実施したとき、一部の人びとは財政的な影響を重視しました。EUを離れればイギリス国民は貧しくなる、いや、とどまっているからEUのほかの国々への財政支援を強いられるのだ、といった議論が交わされました。しかし「離脱」に投票した人びとの多くにとって、そして「残留」に投票した人びとの多くにとっても、何より重要だったのは、生活水準のような狭義の功利主義的な問題ではありませんでした。

多くの投票者にとって、イギリスのEU離脱の真の問題は、アイデンティティでした。自分をイギリス人と感じているのか、それともヨーロッパ人と感じているのかという違いです。特にイングランドでは、離脱に投票した人びとの多くが、自国の政府指導者はイングランドを母国として重視していない、国民にとって生活の意義の源である、イングランド人というアイデンティティを重視していない、と感じていました。一方、今後もEUの一部でいたいと望んだ人びとは、よりコスモポリタン的な、国際的なアイデンティティを持っていました。

先のパーシ・ダイアコニスが仕事仲間に「大学を移籍する場合のプラスとマイナスのリストを作ればいい」と言われて「やめてくれよ、サンディ。これはまじめな話なんだぞ」と答えたとき、彼は心のままに行動しろと言っていたわけではないし、衝動に従えと言っていたわけでもありません。「これは、どこに住むかというような単純な問題ではないんだ」と言いたかったのだと思います。もしハーバード大学の教授になれば、スタンフォード大学の教授である今の自分とは違う人間のように感じるだろうということが、彼にはわかっていました。第三者から見れば、たいした違いはないように思えます。どちらも一流の大学です。しかしパーシ・ダイアコニスにとっては重要だったのでしょう。ケンブリッジ「ハーバード大学のあるマサチューセッツ州の都市」に住むのとパロアルト「スタンフォード大学のあるカリフォルニア州の都市」に住むのとでは、どちらが楽しいかという問題ではありません。スタンフォード大学教授である自分と比較して、ハーバード大学教授としての新しい自分をどう感じるかという、自分自身の物語に対する不安があったのです。もちろん、新しい同僚たちが今後も研究者としての自分を成長させてくれるかどうかも、心配していたことでしょう。

友情

人生における友情の役割とは何でしょう。新しい友だちを作り、友情を育てるために、どれくらいの時間を費やすべきなのでしょうか。週末のディナーパーティで出会った人に連絡するかどうか。その人から連絡がきて、コーヒーを飲もうとかランチをしましょうとか、コンサートにいっしょに行こうと誘われたら、受け入れるかどうか。すでにある友情を維持して絆を深めるために、何を犠牲にするべきなのか。こういった疑問については、どう考えればいいのでしょうか。功利主義的な考え方にもとづいて、その友情から金銭的・感情的な利益をどれくらい得られるか考えれば、最適な対応ができるのでしょうか。今とは違う種類の友人とつきあったほうが、自分にとって「得になるか」を検討するべきでしょうか。

友情に関する議論には、よく取引用語が使われます。「友情に投資すべきかどうか」など、まるで友情が、その友人と過ごす時間によって収益を生み出す資産であるかのような言い方をします。でも、そんな考え方はやめて、見返りとは関係なく、自分の人生の必要不可欠な部分として友情を大事にするのはどうでしょうか。たとえそうするだけの価値がないとしても、自分は相手の良き友人でいたいと願うこともあるでしょう。この「価値がない」も、また功利主義的な側面を示唆する金融業界の言い回しですね。多くの人にとって、友情や人間関係は、その人がどういう人間かを示す重要な要素です。私たちはその時々の経験が楽しいか楽しくないかとは関係なく、友人のために時間を使います。友情については、第8章でさらに深く考察します。

投票

みなさんは選挙で投票しますか？　それはなぜでしょう？　投票は、最も手ごわいワイルド・プロブレムというわけではありません。しかし、投票するかどうかを考えると、自分らしさや価値観といった繁栄に関わる要素と、狭義の功利主義との相反関係がよく見えてきます。実は、経済学者に言わせれば、投票という行為は非合理的なのです。投票所まで出かけていき、列に並んで順番を待ち、家に戻ってくる、そのすべてに時間がかかります。時間はコストです。では利益は？　もし投票の結果が、ちょうど引き分けになっていたら、自分の1票が勝敗をわけるかもしれません。しかし、選挙が引き分けに近くなることは、めったにありません。たとえ選挙が数百票差の接戦だったとしても、たった1票では結果を左右するほどの影響力は持てません。それでも私は投票に行くし、読者のみなさんもきっと行くはずです。すでに何百万票も集まっているところに、たった1票を追加するだけだとわかっていても。どうして、わざわざそうするのでしょう。

私がそう問いかけると、必ず「そう言って全員が投票に出かけないで家にいたらどうするんだ？」と反論されます。経済学者はこう答えます。「国民全員が家にいるかどうかは、あなた自身が家にいるか投票するかには影響されない」。したがって、理論的には、投票せず家にいるべきなのです。代わりに家の芝刈りをするとか、子どもに読み聞かせをするとか、専門知識をいかして副業で稼ぐとか、スープキッチン〔貧困者のための無料食堂〕のボランティアなどに時間を使うべきです。投票に行くのではなく、その時間をもっと有効に使うのが、合理的な選択だからです。

しかし、投票者たちにそう言ったところで、「たしかにそのとおりだね！　私の1票なんて無意味なのだから、何かもっと意味のあることをしたほうが合理的だ」などと反応する人はいないでしょう。むしろ、経済学者に対して憤慨するはずです。その憤慨を理解できないのは、経済学者だけです。人びとが投票するのは、それが正しい行動だと信じているから、それが国民としてのアイデンティティの一部だからです。投票者は、自分を無責任な人間だと思いたくありません。投票の義務を負い、義務を果たすべきだと信じる、責任感のある国民でありたいと思っています。自分は無意味な投票をする愚か者ではなく、尊敬に値する人間だと感じています。投票を非合理的な行動と呼ぶのは、狭義の功利主義的な考え方にそそのかされた経済学者だけなのです。

離婚

ダーウィンは結婚に踏みきれず悩みました。結婚生活がうまくいかない人びとも、似たような板挟みに直面します。離婚するかどうかは、結婚するかどうかと同じくらい難しいワイルド・プロブレムです。今の時代、離婚は多くの国で手続きとしては簡単になりました。離婚に対する偏見をなくそうとする文化的な傾向も強まっています。結婚生活に不満があるなら離婚したほうがいい、と勧められます。離婚経験者の友人もこう言っていました。「結婚から得られるものが少なかったんだ」

経済学者たちは、離婚を合理的意思決定のモデルに当てはめて分析してきました。離婚によって得られる幸せが結婚生活から得られる幸せを上回る場合に人は離婚する、というわけです。たしかに社会科学者なら、この枠組みを使って離婚を研究してもいいかもしれません。将来を予測したり、時代や国によって異なるパターンを理解したりするのに役立つかもしれないでしょう。しかし、そんな切り取り方は、結婚がうまくいかず悩む人びとの現状からは、かけ離れていると思います。

世の中に離婚の偏見をなくそうとする傾向があろうと、私が知る離婚経験者の多くは、幸福度を最大化するなどという単純な理由で離婚を決断したようには見えませんでした。結婚とは、彼らのアイデンティティや自己イメージの一部です。結婚を解消すれば、次は離婚が自分のアイデンティティの一部になるということが彼らにはわかっています。そして、この離婚経験が、自分を語る物語になることに抵抗を感じます。多くの人が、自分は最後まで配偶者と添い遂げるような人間だという自己イメージを持っているのです。

中には、純粋に功利主義的な理由で離婚する人もいるでしょう。今のパートナーといるよりも、単純なその場かぎりの喜びが増えるかもしれないと期待して離婚するのです。また、結婚による抑圧が強すぎて、自身の繁栄は不可能と考える人もいます。そのような人にとっては、離婚は、今より幸せになるための選択以上の意味を持ちます。離婚が、繁栄へと続く道を開くのです。

信仰を持つ、あるいは失う

ある宗教から別の宗教へと改宗するのは、キリスト教の教会に通ったり、ユダヤ教の戒律に従った食事をしたり、イスラム教徒のようにメッカの方向に向かって祈ったりするのが楽しそうだ、などと思うからではありません。ある宗教から離れるのも、それがあまり楽しくないからなどではありません。宗教的な生活、宗教的な制約のない自由な生活、どちらにも日々の喜びはあります。しかし、ある宗教に入信する、離脱する（あるいは、いっさい宗教を持たない）という決断は、その結果である生活が楽しいか楽しくないかには関係がないのです。多くの人にとって、宗教的な生活において重要なのは、真実の追求です。そのために生じるコストは関係ありません。信仰を失う人びとにとっても同じです。その信仰が真実だともう感じられないから、たとえつらくてもコミュニティを離れるのです。

帰属意識は、宗教と政治が人をひきつける力の源です。自分を超える何か偉大なもの、自分の使命だと感じるもの、世界をもっと良い場所に変えると信じるものに属している感覚。何か大事なものに深くかかわっていると実感できるこの帰属意識は、日々の経験をはるかに超えて、人生全体に充実感を与えます。

正気とは思えないほど親切な行為

なぜドイツ人やポーランド人の中には、ホロコーストの真っただ中にユダヤ人たちをナチスからかくまった人びとがいたのでしょうか。ごく一部の人とはいえ、自分や家族全員の命がおびやかされるリスクを知りながら、あえてそうする人がいたのは、なぜなのでしょうか。まったくの他人のために腎臓を片方、あるいは両方提供する人は、めったにいません。しかし、それほどリスクが高く見返りがほとんどなさそうな行為をする人がたったひとりでもいるとしたら、それはなぜでしょう。ドキュメンタリー監督のペニー・レイン［1978年生まれの米国のインディーズ映画製作者］は、腎臓を片方提供した経験があります。

なぜそうしたのかと尋ねてみたところ、彼女は、コストと利益を理解した結果、あるいは理解できたと感じた結果、明らかにそれが正しい決断だと思ったからだと答えました。コストは、手術を受けなければならないことと、それに付随するリスク。利益は、見知らぬ他人に今より質の高い生活と、さらに長い人生を与えること。これは、いわゆる狭義の功利主義とは、まったく異なる考え方です。ペニーは、手術がうまくいけば自分は腎臓を片方失うだけ、一方で見知らぬ他人は透析も不要となり、死と隣り合わせの生活を送らなくてすむ、と考えました。このペニーの経験については、第9章でまた触れます。それまでのあいだに、彼女の決断は非合理的か、彼女は単なる愚か者なのか、あるいは賞賛に値する人間なのか、みなさんも考えてみてください。

さて次は?

人生の決断をくだすとき、多くの人が、狭義の功利主義よりも繁栄を優先します。自分らしさ、人生の目的と意味、自分の信じる正義や道徳。たとえその選択によって、楽しいことよりも苦労のほうが多くなるとしても、そちらを選ぶのです。

繁栄を優先するのも、無視するのも自由です。もちろん、投票しなくても、腎臓を片方提供しなくても、繁栄は手に入ります。一日中プールで過ごして得られるような快楽だけを求めて、繁栄を無視することもできます。繁栄などあまり重要ではないと思う人もいるかもしれません。しかし、ダーウィンが作った結婚に関するコストと利益のリストを見ればわかるように、人は、自分が想像できない人生の側面を無視しがちです。それは例えば、思いきって結婚に飛びこめば実は楽しめるかもしれない、というような側面です。あるいは、その最中は楽しさよりも面倒のほうが多いかもしれないけれど、人生全体に目的と意味を与えてくれるような物事かもしれません。

太陽の下できらめくプールと、プールサイドで楽しむカクテルの魅力は、誰にとってもわかりやすいものです。こういう種類の快楽は、過去の経験という名前の街灯にまぶしく照らされているでしょうし、想像するのも簡単です。難しいのは「タオルで体を拭いて服を身につけ、プールで過ごす時間を減らせば、人生がもっと有意義なものになるかもしれない」と思い出すことです。繁栄の重要性は、日常生活の快楽や苦痛よりも思い出すのが難しい、というだけではありません。未来に必ず待っている楽しみでもありません。実際に経験するまでは、その概念を理解すること自体が難しいのです。

経済学者で道徳哲学者でもあったアダム・スミス〔1723〜1790年。イギリスの哲学者、倫理学者、経済学者〕は、繁栄とそこから得られる充足感は、見かけよりも理解しにくいものだと述べています。彼の隠れた名著『道徳感情論』（講談社ほか）には、「男は、好まれるだけでなく、好ましい人でありたいと望む」と書かれています。ここでの「好まれる」とは、ただ関心を向けられるだけではなく、賞賛され、感謝され、感嘆され、尊敬されるという意味です。人間は、自分は重要な存在でありたいと望みます。そして「好ましい」とは、賞賛、感謝、感嘆、尊敬に値するという意味です。この文章が書かれたのは1759年なので、「男」は人間を指すと思われます。好まれ、かつ好ましい人間でいるというスミスの概念は、私が考える繁栄と非常に近いものです。

彼は、重要な存在になるためには二つの方法があると論じています。つまり、周囲の人びとから賞賛、感謝、感嘆、尊敬を受けるための二つの方法です。一つは、裕福で権力を持つ有名な人物になること。もう一つは、聡明で徳の高い人物になること。彼は、この一つめの方法を「派手できらびやか」と描写しており、当然ながら魅力的です。裕福で権力があって有名な人びとは目立つし、スミスが呼ぶところの「膨大な数の群衆」に注目されます。一般的にはこうした人びとを「繁栄している」と表現することもありますが、それは私が本書で使っている意味とは違い、彼らの充足感も、違う種類のものです。

聡明さと高徳も周囲の人びとに尊敬されますが、この道を選ぶと、一つめの方法のようなスポットライトは浴びません。スミスによれば「少人数の集まり」のみが関心を持ちます。この少数の人びとの多くも、聡明で高徳です。より魅惑的なのは、派手できらびやかなほうです。一方、より優れた道は影の中にあり、忘れられがちです。だからこそ、もし繁栄を大事にしたいと思うなら、それを最優先するための努力が必要なのです。

続く数章では、この考え方をさらに発展させて、いくつかのワイルド・プロブレムを深く掘りさげ、影の中にあるものと、光の下にあるものの魅力を比較してみたいと思います。そして、狭義の功利主義的な計算よりも、役に立つ考え方を提案します。ワイルド・プロブレムに対処する単純なルールは存在しません。その代わりに、よくある例に取り組んでみますので、みなさん自身のやり方を見つける参考にしてほしいと思います。

では、まずは結婚相手を見つけるという問題から始めましょう。繁栄を重視してこの決断に挑むには、どうすればいいのでしょうか。影の中に隠れているものがほかにもあれば、それも考慮に入れなければなりません。こうしたことを考えていく過程で、ほかのワイルド・プロブレムにも当てはまる教訓が、きっと得られるはずです。

第7章

王妃ペーネロペーと108人の求婚者

プラスとマイナスが絡み合う究極のマトリックス

ペーネロペーは、古代ギリシャの偉大な王であり戦士でもあったオデュッセウスの妻です。オデュッセウスは、ローマ名のユリシーズとして知っている人も多いでしょう。彼は、トロイア戦争に出かけていったきり、20年経っても故郷のイタケーに戻ってきませんでした。このため、彼は戦死したと決めつけた男たちの集団がオデュッセウスの家に押しかけてきて、ペーネロペーに求婚しました。かなり大きな集団です。正確な数は不明なものの、一説によると１０８人もいたそうです。彼らはそのままオデュッセウスの家に住み着きました（それくらい大きな家だったのです。家というより、むしろ宮殿。求婚者たちが住むのに十分な数の部屋がありました）。男たちは食べ、飲み、騒ぎ、オデュッセウスの羊や牛を大量に屠《ほふ》って宴《うたげ》を開いたりしながら、ペーネロペーが最も夫にふさわしいひとりとして自分を選ぶのを待ちつづけました。

誰かに求められるのは、普通なら気分がいいものですが、ペーネロペーの場合は敵に包囲されたも同然でした。かといって、１０８人の中からひとりを選べば解放されるのに、そうする様子もありませんでした。オデュッセウスに操《みさお》を立てていたのでしょうか。彼がまだどこかで生きていて、いつか故郷に戻ってくると信じていたのかもしれません。あるいは単純に、夫にふさわしいひとりを選ぶという難しい決断に向き合えなかっただけかもしれませんね。とにかく、彼女は時間稼ぎをしました。

ペーネロペーは求婚者たちに、義父の埋葬布を織り終えたら、ひとりを選ぶと言いました。ちなみに、このとき義父はまだ生きていました。縁起の悪い話に聞こえるかもしれませんが、ペーネロペーの時代は、急に必要になったからと言って、メイシーズ［米国のチェーン百貨店］までひとっ走りして手ごろな埋葬布を買ってくるとか、もっと高級品が好みならブルックス・ブラザーズ［米国の紳士服ブランド］に向かうというわけにいきません。埋葬布を織るのには長い時間がかかりました。まずは毛糸や縫い糸を作るだけでも大仕事だし、家族全員の服や毛布など、ほかの用途の布を織る時間も必要です。だから、義父が死ぬまで待っていられないのです。当時、埋葬布は事前に用意しておくものでした。

夜になると、ペーネロペーは昼間に織った分をほどきました。この策略で3年間(!)、周囲をだますことに成功しました。おそらく求婚者たちは織物に関する知識があまりなかったのか（その可能性はかなり高いです）、常に酔っぱらっていたのか（これもほぼ確実）、ペーネロペーの織物の腕にまったく期待していなかったのでしょう（ありえます）。しかし彼らもやがて、ごまかしに気づきました。ペーネロペーの侍女が求婚者のひとりと密通していて、彼女の策略を告げ口したのです。すると求婚者たちは、ペーネロペーにさらに圧力をかけて、早く決断をくだしてひとりを選ぶように迫りました。ただ、侍女と密通していた男だけは、おそらく対象外になったでしょうけどね。

ここで、ペーネロペーがもう優柔不断な態度はやめて、求婚者たちの中で最高のひとりを真剣に選ぶ気になったと仮定してみましょう。どうやって選ぶのがいいと思いますか？108人の求婚者全員と、ひとりずつ時間を過ごしてみるのはどうでしょう。面接し、お茶を飲みに出かけ、イタケーの街のロマンチックなレストランでディナーを楽しむのです。そのうえで、その求婚者と結婚するかどうかを決めます。しかし、一度断ったら、もうその求婚者には戻れません。永遠にさようならです。このようなルールに従う場合、ペーネロペーが取るべき合理的な戦略はあるでしょうか。

みなさんの中には、人生のパートナーを探している人も、そうでない人もいるでしょう。しかし、このペーネロペーの問題には、ほかのあらゆる重大な決断との共通点があります。それは、複数の選択肢がある、ということです。複数の中から最高の一つ、繁栄につながる最適な選択肢を選ばなければならないのです。

1960年、このペーネロペー問題の新しいバージョンが発表されました。コラムニストでサイエンスライターのマーティン・ガードナー［1914〜2010年。米国の数学者］が『サイエンティフィック・アメリカン』誌に掲載したものです。背景の設定は異なり、のちに「秘書問題」として有名になりました。ガードナーの設定は次のとおりです。一つの秘書の仕事に対して、多数の応募者がいる。ひとりずつ面接し、そのたびに採用か不採用かを決めなければならない。この場合、どのような選択ルールに従うのが良いか。一度不採用になった者は、すぐに次の仕事に応募するので、あとから採用はできない。

もしペーネロペーがこれと同じ条件で選ぶとしたら、１０８人の中で最高の相手と結婚する可能性を最大化できるアルゴリズムがあります。まず、求婚者の37パーセントと面接します。ペーネロペーの場合は40人に相当します。しかしこの40人とは結婚しません。この面接の目的は、イタケー出身の男たちの、夫としての適性を調べることだからです。次に、この40人の中で最高の相手を記録します。それがエラトスという男だったとしましょう。でもエラトスとは結婚しません。すでに却下したのですから、もう対象にはならないのです。その代わりに、彼を目安として使います。つまり、残りの68人を評価するためのベンチマークにするのです。そして、エラトスを超える男が見つかったら、すぐにその男と結婚します。

結局エラトスが全員の中で最高だった、と判明する可能性はあります。その場合、残りの68人の誰も彼を超えることはなく、１０８人めの求婚者と結婚するしかなくなります。残念ながらペーネロペーは、最高の夫と結婚できません。面接の順番に特に決まりはなかったとすると、最後に面接した男の質は、グループ全体の平均となるでしょう。しかし現実には、この１０８人めの求婚者は最悪の男かもしれません。実際の出来事が起こる前に予測される幸福度と、起こったあとの幸福度とは、まったく異なる場合もあるのです。

$$e = \sum_{n=0}^{\infty} \frac{1}{n!} = 1 + \frac{1}{1} + \frac{1}{1\cdot 2} + \frac{1}{1\cdot 2\cdot 3} + \cdots$$

しかし感心することに、この戦略を使うと、ペーネロペーは驚くほど高い確率で、大勢の中から最高の相手を見つけることができるのです。どれほど高い確率かといえば、戦略に従った彼女が最高の夫と結婚する確率は、37パーセントです。悪くないですね。

最初に面接だけする求婚者の割合と、この方法で最適な相手を見つけられる可能性は、両方とも37パーセントです。これは偶然ではありません。基本的に、求婚者の数を数値eで割ります。このeはネイピア数です。ネイピア数は、さまざまな形で表せますが、その一つが上記の無限級数です。

すべてを合計した結果は、およそ2.71828…となります。「…」は省略記号で、小数点以下に無限数が続くことを示します。n／e人の求婚者を面接して（nは求婚者全員の数です。ペーネロペーの場合は108）、その後ベンチマークのエラトスを超える最初のひとりを選べば、n人の求婚者の中から最高の夫候補を見つける可能性は1／e、つまり37パーセントとなります。なぜこの計算にeを組み込まなければならないのかは、数学のエレガントなミステリーの一つです。なんとも美しいと思いませんか？

ペーネロペーは『サイエンティフィック・アメリカン』を定期購読していませんでした。だから、108人の求婚者から選ぶための方程式や、洗練された戦略も知りませんでした。かといって、直観に従うタイプとも思えません。さて、彼女はどうしたのでしょう。

もちろん、『オデュッセイア』（岩波書店ほか）の読者なら、このときのペーネロペーが知らなかったことを、すでに知っているでしょう。彼女の物語が読者をひきつける理由でもあります。実はオデュッセウスは生きていて、イタケーに無事、帰還するのです。トロイア戦争を生き抜き、セイレーンの歌、巨人サイクロプス、怪物カリュブディス、その他試練を乗り越え、やっと故郷に生還してみれば、自宅の居間には108人の敵が我がもの顔で居座り、彼の邸宅を好き放題に使っているのです。そこで、妻を取り戻すには何か計略が必要だと判断したオデュッセウスは、年老いた物乞いに変装しました。

物乞いが夫であると勘づいたのか、あるいは単に時間稼ぎを続けていたのか、ペーネロペーは「力試しのテスト」を考案して、このワイルド・プロブレムを解決しようとします。まず、求婚者たちにオデュッセウスの弓に弦《つる》を張るように言います。彼らはそれから、一列に並べた12本の斧の柄の小さな穴を一気に矢で射抜かなければなりません。この二つのテストに合格した者の妻になります、と彼女は全員に告げます。

しかし残念ながら、求婚者たちの誰ひとり、弓に弦を張る力すらありませんでした。ペーネロペーは生涯を孤独に過ごす運命のようです。しかし、物乞いの姿に変装したオデュッセウスが進み出て、自分にもチャンスをくれと言います。求婚者たちは一斉に、怒りとあざけりの声をあげます。求婚者たちの誰にもできなかったのに、こんな腰の曲がったよぼよぼの老人に、偉大なオデュッセウスの弓の弦を張れるわけがないと思ったのです。しかしペーネロペーは、客人はもてなすべきです、物乞いにもチャンスを与えましょうと言います。そう言い残して寝室に引き上げ、長いこと会っていない夫を想って泣きながら眠りにつきます。おそらく、その夫、本人が階下にいるとは知らないまま。

求婚者たちは、こんな難しい技がおまえにできるとでも思うのか、と、みすぼらしい姿の浮浪者を馬鹿にして罵声を浴びせます。しかし、オデュッセウスにとって弓に弦を張るのは、マーク・ノップラー［ロックバンド「ダイアー・ストレイツ」のギタリスト］がギターの弦《げん》を張り替えるのと同じくらい簡単でした。それから、おそらくただみずからを誇示するだけのために、妻の与えた難題に応えて12本の斧の柄を一気に射抜いてみせます。求婚者たちは、窮地に追い込まれたことに気づきます。オデュッセウスはその後、息子のテーレマコスおよび信頼できるふたりの従者とともに、自分たちはほぼ無傷のまま１０８名の求婚者を皆殺《みなごろ》しにしました。こうして、勇気ある数人の正義の味方が奇跡的に試練を乗り越えて勝利するという物語のジャンルが生まれたのです。

この、弓に弦を張るという、一見とっぴょうしもないテストで、ペーネロペーは実際に限りなく最高に近い相手を選ぶことができました。でも、彼女は少しばかりラッキーだっただけです。最終的に最高の選択肢にたどり着ける例は、とてもまれです。みなさんは、あまり運を頼りにしないほうがいいですよ。

では、このペーネロペーの事例から学べることは何でしょう？

レオンハルト・オイラー［1707〜1783年。スイスの数学者］のように数学的な知識がなくても、自分の名前のイニシャルにちなんだ超越数［ネイピア数の記号eは、オイラーの英語表記Eulerのイニシャルからとったもの］がなくても、配偶者の候補についていくらかの情報を入手して、その情報を使って誰と結婚すべきか決めるのは良い考えです。もちろん『サイエンティフィック・アメリカン』を読まなくても、海の魚ほどいる候補者をすべて釣りあげて調べるわけにいかないことはわかります。ですから、数字のように明確でなくてもいいので、適切なところで検討を切り上げるルールについて考えましょう。結婚に踏みきるタイミングの、おおよその目安を作るのです。

たいていの人は、結婚したい相手と必ず結婚できるとは限らないということを知っています。誰かを拒絶すれば、その人とはもう二度とチャンスがないかもしれないということもわかっています。私の友人は、まだ子どもたちが小さかったころ、よく家族で長いカヌーの旅に出かけました。夜の野営地を見つけなければならない時間になると、彼はその場所選びを、子どもたちにまかせました。「完璧を求めすぎると、まあまあ良いものさえ逃してしまう」という教訓を教えようとしたのです。キャンプにぴったりな小島が見つかるのをいつまでも待っていたら、結局は岩だらけの浜辺で夜を明かすか、あるいは徹夜するはめになるかもしれません。同じように、最高の結婚相手をいつまでも待ちつづけていたら、結局は最後の求婚者、あるいは109人め以降の相手しか残らないかもしれません。

しかし、ペーネロペーの問題と、その解決法と称する数式から得られる最大の教訓は、教訓というよりも、むしろ警告なのです。配偶者選びの数学的な表現はエレガントですが、あまり実用的ではありません。ワイルド・プロブレムの場合、最高の何かを求めて冒険するのは間違いだからです。最高のキャリア、最高の大学、最高の配偶者、最高の何であれ、同じことです。

一方、最高の選択肢を見きわめるのが簡単な問題も存在します。先のダニエル・ギルバートが想像した、恥知らずの快楽主義者が消費者として最大の喜びを得ようとする場合——どの靴を買うか、どのホテルに滞在するか、どの映画を観るか、例のプールサイドのマルガリータにどのテキーラを混ぜるかなど——役に立つツールは大量にあります。通販サイトのおすすめ、映画批評サイトのレビュー、旅行会社に寄せられた「お客様の声」、さまざまな商品レビューサイト。靴、ホテル、映画、テキーラ、その他、日常生活における最も狭義の功利主義的な選択肢なら、絶対的なベストとまでは言えなくても、たいていは、自分にとっての最高に近いものを見つけられるはずです。

しかし、最高の配偶者とは何でしょう。もちろん世界最高という意味ではなく、自分の手の届く範囲で、かつ自分と結婚してくれる意思のある人たちの中での最高という意味です。ペーネロペー問題の数学による解決方法は、この問題の一番難しい部分を無視しています。最初の40人を面接したペーネロペーが、その中から最高の相手（私の設定ではエラトス）を必ず見つけられるという仮定に頼っているのです。しかし、ここで言う最高の相手とは、いったい何なのでしょう。ペーネロペーはどうやって、40人の中で誰が最高の夫候補かを決めるのでしょうか。

例えば、アイスクリームのフレーバーを2種類あげられたら、私は、そのどちらが好きかを答えられます。休暇の選択肢が海と山だったら、行きたいほうを選べます。ふたりの配偶者候補がいても、それぞれと少し時間を過ごせば、自分にはどちらの女性が合っているか、おそらく答えられると思います。しかしこれは、明確な答えというよりも、ワイルド・プロブレムに対するワイルドな推測であり、あまり科学的な判断とは言えません。

人間は誰しも不完全で欠点があり、いっしょに暮らすのは難しく、ときには耐えるのに精いっぱいなこともあります。今の配偶者よりも頭がいい人、やさしい人、外見が魅力的な人、面白い人、自分の欠点に目をつぶってくれる人は、いくらでもいるでしょう。条件をあげだしたら、きりがありません。

けれど、そんな条件をすべて満たす人は、おそらくひとりもいません。いたとしても、ほんのわずかでしょう。今のところ最高の恋人と、もっとやさしいけれど頭は良くないもうひとりの求婚者の、どちらかを選べと言われたら？　共通の趣味がもっと多いけれど、今の恋人ほどときめきを感じない相手だったら？　自分が重視する特性を二つ比べるとしたら、それぞれを、どう重みづけすればよいのでしょうか。

「最高」という言葉は、それがスカラーであることを示唆します。スカラーは単純な測定基準、二つの選択肢を比較するための一つの数字でしたね。先のカーネマンが提案したように、採用に活用するなら、それほど悪くありません。しかし生涯の伴侶を選ぶのは、もう少し複雑な話です。人生のパートナーは、特性、長所、短所、プラス、マイナスが絡み合う、究極のマトリックスです。生身の人間です。そして理想的には、パートナーとともに成長するにつれて、マトリックスに対する感じ方も、時間とともに変わります。結婚の大事な目標は、一つだけではないのです。

つまり、何人の求婚者を検討するのが理想的なのかはわからないし（108人はどう考えても多すぎますけれど）、ベンチマークであれ、最終的に選ぶ相手であれ、「最高」を定義する方法もはっきりしません。

この意見に対する、よくある反応は「はいはい、もちろん最高の相手は見つけられませんよ。でも目標は可能な限り最高に近い人を見つけることでしょう?」というものです。ほかの多くの分野でも、同じ議論が起こります。そして「完璧ではなくても、できるだけ数値化するべきだ」という主張が、そのあとに続きます。しかし人は、完璧ではないとわかっていても、数値の明確さに、つい誘惑されてしまうものです。ですから、絶対に誘惑されないという前提がなければ、この主張は成り立ちません。完璧を求めすぎると、十分に良いものさえ逃してしまうのは本当ですが、「ほぼ完璧」を目指すのもまた、同じくらい危険なのです。
すばらしい相手を探しつづけるのではなく、まあまあ良い相手で満足して「あきらめる」のは間違っている、と反論する人もいるかもしれません。しかし、私が言っているのは、それより、もっと厳しいことです。あきらめるようにうながしているのではありません。必ずあきらめなければいけないと言っているのです。最高の配偶者、パートナー、キャリア、住む場所といったものは存在しません。見つけるのが難しいのではなく、それ自体が意味のない概念なのです。

これは、社会科学者のハーバート・サイモン［1916〜2001年。米国の政治学者、認知心理学者、経営学者、情報科学者］の洞察です。彼は最適化（最高の結果を見つけること）は、人間の能力の限界を超えていると主張しました。私がここで「あきらめる」と呼んでいる状態は、サイモンが「サティスファイシング」と呼ぶものと密接に関連しています。「サティスファイシング」とは「満足する《サティスファイ》」と「十分である《サフィシング》」を組み合わせた造語であり、限られた知識を使って最善の努力をするという意味です。サティスファイシングの正式なモデルには、最低限の基準値が使われます。ペーネロペーの例で言えば「少なくともエラトス以上であること」も、その一例です。この基準値を使えば、最高を求めて結局は実りのない探索をしてしまうリスクを回避できます。一般的にも、サティスファイシングはまさしく望みうる最高の状態なのです。狭義の功利主義的な要素のみを重視した場合でも同様です。

妥協しているのではないかと恐れると、身動きが取れなくなります。その恐れが、結局何も決断しないことへの言いわけにもなります。この「妥協する」は、いずれにしても正しい言葉ではありません。妥協とは、意図的に、より劣った選択肢を受け入れることです。結婚の場合、あるいはほかのどんなワイルド・プロブレムでも、より劣った選択肢は、まず対象になりません。どの選択肢にも長所と短所があるからこそ悩むのです。一部の人びとが「妥協」と呼んでいるものは、ただ「意思決定のときが来た、もっと良い選択肢があると思えるような理由は何もない」と気づくことなのです。これは妥協ではなく、決断です。

結婚は、完璧を求めすぎると結局どこにも到達できなくなる、典型的な例です。どうして結婚はこれほど難しいのでしょうか。人は普通、いま住んでいる街が最高の場所かどうかわからないからといって、街から街へと引っ越しを続けたりはしません。しかし、今のパートナーよりもいい相手がいるかもしれないと考えて、なかなか結婚に踏みきれない人はたくさんいます。あるいは、もっと大きな問題が原因かもしれません。結婚しようとしている相手が、自分が昔から結婚するだろうと思い描いていたような人ではないかもしれないと不安になるのです。主観的に判断する相手のレベルが、やはり主観的に判断する自分のレベルに合っていないかもしれない、という不安です。具体的にどんなレベルなのかは、本人にしかわかりませんが。

実は、誰と結婚するかは、めずらしくアプリやアルゴリズムが役に立つかもしれない種類のワイルド・プロブレムです。マッチドットコム［恋愛・結婚マッチングサイト］やイーハーモニー［独身者向けマッチングサイト］は、相性のいい組み合わせを発見するためのウェブサイトです。私は短期間ですが、イーハーモニーのアドバイザーを務めたことがあります。最近になって、そのとき知り合った社内の人と、理想の結婚相手を見つける方法について話をする機会がありました。

イーハーモニーのアルゴリズムには、アンケート調査によって相性のいい結婚相手、さらには理想の結婚相手を見つける力があると言われますが、彼によれば、イーハーモニーの成功のカギは、アルゴリズムではないそうです。実際は、もっとずっとシンプルな話でした。イーハーモニーが成功しているのは、最初から真剣に結婚したいと思っている人びとを引き合わせているからだというのです。膨大な量のアンケートとその質問内容そのものがユーザーをふるいにかけ、軽い気持ちでデート相手を探している人よりも、結婚を真剣に考えている人のほうが多く残るのです。これは、結婚相手を探しているすべての人に役立つ情報ですね。もしどうしても結婚したいなら、結婚を真剣に考えている人とつきあうようにしましょう。

誰と結婚するかという問題には、ワイルド・プロブレムの複雑さがすべて詰まっています。自分以外のひとりの人間との生活が、どんなものになるかは予測できません。たとえ生活が予測できたとしても、配偶者としての自分を自分らしいと思えるかどうか、特にその特定の相手の配偶者としての自分を好きになれるかといった、繁栄に関する部分の予測は不可能です。

いったいどうすればいいのでしょう。現代社会では、誰を一番愛しているか、誰といっしょにいれば一番幸せになれるか、と考えて決めるのが一般的です。繁栄はどうでしょう。「誰と結婚すれば最も繁栄できるか」と考えることは、人生のパートナー選びにどのように役立つのでしょうか。

では、この種のワイルド・プロブレムの考え方を紹介します。この考え方は、配偶者選び以外にも役立つかもしれません。

まず、ローマで3週間過ごす機会を与えられたと想像してみてください。これはあなたにとって、ローマ観光の最初で最後のチャンスです。ローマには、すばらしい美術館や、街なかの荘厳な彫刻、今も建ちつづけているのが信じられない古代遺跡があることはご存じでしょう。うっとりするほどおいしい食べもの、甘美な味わいのワイン、冒険するのが楽しい細い路地もあります。

観光名所を回るだけではなく、特に目的もなく、ぶらぶら歩き回りたいとあなたは思います。放浪の旅人のように、心のおもむくまま。けれど思慮深く、コロッセオの遺跡を照らす朝の日差しを楽しみ、テヴェレ川にかかる橋の上に立ち、川面《かわも》を過ぎていく手こぎボートを見送り、スペイン階段から夕陽を眺め、ひたすらにローマを吸収して、ローマを旅する機会に恵まれた幸運に感謝します。

もちろん楽しい時間を過ごしたいとは思いますが、あなたは、この旅によって成長したいとも思っています。2千年以上のローマの歴史から何かを学びたいし、スピリチュアルな経験にも興味があります。オペラのファンではないけれど、せっかくヴェルディ［1813～1901年。イタリアの作曲家、オペラ王の異名を持つ］やプッチーニ［1858～1924年。イタリアの作曲家、『蝶々夫人』などが有名］の国を訪ねるのですから、そうした音楽の楽しみ方も学べたらいいなと考えます。

さて、ここからが課題です。旅の準備をしているとき、どういうわけか、ローマを訪ねた経験のある知人の誰もが、自分が特に何に感動したかを、うまく言葉にできないことがわかります。具体的な場所のおすすめも、しにくいようです。グーグルで「ローマ」と入力して検索すると、出てくるのはニューヨーク州のローマ市の情報だけです。ネット書店にもローマのガイドブックは一冊もないし、地元の図書館で見つけた唯一のガイドブックは1940年代のもので、写真はすべて白黒です。さあ、どうしますか？　ふだんは合理的な人間だと自負しているあなたですが、ローマで何ができるのかわからず、それを楽しめるかどうかさえ闇の中となれば、合理的なローマの旅の計画の仕方もわかりません。

人生は、この、ガイドブックなしでローマへの旅を計画することとよく似ています。たとえ「人生なんて短いのだから、楽しく過ごせればそれでいい」という考え方だとしても、では自分が何を楽しみ何に満足するのか、予測するのは簡単ではありません。そして多くの人が、ただ楽しく過ごすだけではもの足りないと感じています。人生の目的や意味を求めます。正しいおこないをしたい、何かに属していたいと思い、充実した人生、つまり繁栄を求めます。

未来の自分が何を楽しいと感じるかは予測できません。その場かぎりの経験だけではなく、自分という人間そのものを形づくるような、より深い意味での喜びを予測するのは、間違いなく不可能です。

そこでまず、自分の無知に向き合うところから始めましょう。ワイルド・プロブレムに決まった答えはありません。そして、それでいいのです。いいどころか、だからこそすばらしいのです。最初で最後のローマへの旅と同じです。もちろん、旅に持参できる便利な旅程表とか、人気のスポットを巡るコースが最初から決まっているツアーバスを誰かが用意してくれればいいのに、と思う人もいるでしょう。しかしそれよりも、自分がローマの何を見たいか、そして何を好きになるかを自分自身で発見したいと思う人のほうが多いはずです。何もかもが最初から決まっているより、新鮮な驚きを体験したくありませんか？でも、どちらでも関係ないのです。どうせ事前に計画はできないのですから。

さて、ガイドブックなしでローマに着いたら、あなたは何をしますか？ローマの楽しみ方をいっしょに考えてくれる誰かと旅をするのもいいかもしれませんね。ふたりでコロッセオを訪ねて、感想を語り合えるような相手。フィレンツェへの日帰りの旅で、ミケランジェロのダビデ像を見てあなたと同じように感動し、その感動をさらに深めてくれるような相手です。

どんな人がいいでしょう。いっしょにいて楽しい人。食べもの、美術館、オペラの好みが合う人。あなたがオペラの楽しみ方を学びたいと言ったら、同じように興味を持ってくれる人。逆に、あなたが美術館は苦手だと思うなら、バチカンで丸2日過ごしたいと言い出すような美術愛好家とは、行かないほうがよさそうです。

ガイドブックは、たとえそれが世界最高の一冊だったとしても、誰とともに旅をするべきかまでは教えてくれません。できるなら、会話も沈黙も楽しめるような、最高の友人になれる相手と結婚するといいでしょう。善良な心を持っていて、何を大事に思うかという基本的な考え方、つまり価値観や行動規範があなたと同じ相手。互いを尊敬し合える相手。その人のことを考えると、心が躍るような相手――恋とか相性とも言い換えられるでしょう。そんな人は「まあまあ良い相手」どころではありません。夢のようにすばらしい相手です。最高の配偶者ではなくて、隣で人生を探索できる相手、つまり、旅をともにできる相手を探せばいいのです。その人はもしかしたら、あなたの欠点も受け入れ、同時に、今よりもっと良い人間になると決意させてくれる相手かもしれません。

伝統を考慮に入れるのも悪くはありません。現代に生きる私たちの多くは、伝統をまるで迷信のように見くだしています。そんな見方を改めて、時間の試練に耐えて現代まで伝わった知恵だと考えるのもいいのではないでしょうか。生き残るものが必ず優れたものだとは限らないし、伝統の圧力に屈する必要はありません。でも、試してみる価値はあると思います。この場合、自分に似ている人、似たような環境で育った人、同じ宗教を信じている、あるいは無宗教という共通点がある人、ジョークのセンスが同じ人と結婚するといい、といったアドバイスも「時代遅れ」の一言で切り捨てるべきではありません。最先端の情報よりも伝統のほうが役に立つことだってあるのです。

これは「チェスタトンのフェンス」と呼ばれる考え方です。G・K・チェスタトン［1874～1936年。イギリスの作家］にちなんで、この名前になりました。例えば、まわりに何もない場所に、見たところ何の用途もなさそうなフェンスが立てられていたとします。このように意味がわからないものに出くわしたとき、人はそれを撤去してしまいたいと感じます。しかし、実際にそうする前に、なぜそれがそこにあるのかを考えるべきなのです。ぱっと見ではわからない理由とか目的があるかもしれないからです。ワイルド・プロブレムの多くも同じです。結婚も子育ても、自分には向いていないと思う人がいるかもしれません。共通の価値観を持つ相手や、似たような環境で育った身近な相手と結婚する意味が理解できないと思う人もいるかもしれません。でも、それはどちらも、長い歴史の中で続いてきた慣習です。深く考えずにフェンスを壊してしまうのは、少し待ったほうがいいかもしれません。その慣習には、あなたにはわからない理由があるのかもしれないのですから。

ダーウィンは、間違いなく伝統的な慣習を選んだひとりです。自分で作ったコストと利益のリストを無視して結婚したばかりか、最高の妻を見つけるために長い時間をかけることもしませんでした。前からよく知っている相手と結婚したのです。

「結婚する――結婚する――結婚する。Q.E.D.」と日記に書いたあと、ダーウィンは108人の候補者を検討したりはしませんでした。これはまた違う時代、18世紀のことです。結婚について心の中で問答を交わした約1年後、彼は、従姉妹《いとこ》のエマ・ウェッジウッド［1808～1896年］と結婚しました。これはまさしく、身近な相手と結婚する例ですね。1882年にダーウィンが亡くなるまで、ふたりは40年以上、夫婦として暮らしました。10人の子どもが生まれ、そのうち7人が成人しました。

ダーウィンの結婚は、結局どんなものになったのでしょうか。

結婚20年目に、ダーウィンは『種の起源』（岩波書店ほか）を出版しました。結婚32年目には、『人間の由来』（講談社ほか）を出版しました。さらに蘭、腐植土、食虫植物に関する本も出版しました。祖父エラズマス・ダーウィンの伝記、そして自伝を出版しました。残念なことです。結婚しなければ、もっと立派な人物になれたかもしれないのに――。

というのは、もちろん冗談ですが、現実の世界に正しい決断など存在しないのは本当のことです。もしダーウィンがほかの女性を選んでいたら、みじめな結婚生活になった可能性はたしかにあるのですから。そのせいで偉大な科学研究に打ち込むための落ち着いた生活ができず、当時の社会慣習による圧力で離婚もできなかったかもしれません。彼は実際に友人あての手紙の中で、子どもたちが病気になって仕事ができない、何らかの慢性的な病気を遺伝させてしまったのかもしれない、と不安を伝えています。子どもたちの何人かは、まだ幼いうちに亡くなり、ダーウィンに深い悲しみを与えました。

夫であり父親であるという責任の重みは、何かが少しでも違えば、歴史におけるダーウィンの地位を損なっていたかもしれません。その結果、アルフレッド・ラッセル・ウォレス［1823～1913年。イギリスの博物学者、生物学者。ダーウィンと同時代に自然選択を発見した］のほうが、ずっと有名になっていたかもしれません。ダーウィンの結婚は基本的にうまくいったものの、彼の科学的な考え方と妻の宗教的な考え方の違いにより、晩年にかけては、結婚初期に比べて夫婦関係が複雑になったとも言われています。

それでもベーコンと違って、ダーウィンは良きパートナーに恵まれました。彼女はダーウィンも想像しなかった形で彼に繁栄をもたらしたのです。自伝の中で妻のやさしい性格について触れたあと、ダーウィンは以下のように結んでいます。

あらゆる道徳的な側面において私よりもはるかに優れた彼女が、私の妻になることに同意してくれた幸運に驚嘆する。彼女は私の生涯にわたって聡明な助言者でありつづけ、常に明るく励ましてくれた。彼女がいなければ、その生涯は病気のせいで非常に長く、みじめなものになっていたであろう。まわりの人びとは、誰もが彼女を愛し賞賛せずにいられなかった。

ダーウィンは結局、ロンドンを離れることになりました。そして、田舎の生活をすっかり気に入りました。ソファでおしゃべりどころか、エマに一日に何度も本を読み上げてもらうのが彼の日課になりました。この習慣も、すっかり気に入っていたようです。

しかしダーウィンにとってエマとの結婚は、単なる楽しい毎日の積み重ね以上の意味を持っていたはずです。1839年1月に結婚する1週間前、ダーウィンはエマに手紙を出し、結婚を熱望しているだけではなく、独身時代よりも善い人間になりたいと強く思っている、と伝えました。ダーウィンは、未来の妻を人生の旅の友と見なし、ともに旅をすることで人生がより意味のあるものになると考えました。ともに歩む誰かが隣にいることで、人生が、科学的真実の追求に勝るほど意味深いものになると考えたのです。おそらくこのときのダーウィンは十分に成熟し、交際の経験も経て、自分の作った結婚のコスト・利益リストには何かが足りないと、すでに気づいていたのでしょう。

ダーウィンは先の手紙の冒頭に、結婚を機に「今の粗野なところを少しずつ直していきたい」と書いています。さらに次のような言葉さえ書いています。「あなたはきっと、僕を今よりも人間らしくしてくれるでしょう。そしてもうすぐ、ひとり孤独に理論を組み立てたり、事実を積み上げたりするよりも、大きな幸せがあると教えてくれるでしょう。僕の最愛のエマ、この火曜日におこなう偉大なる、そして素晴らしき善行をあなたが決して後悔しないよう、僕は心から祈っています。僕の愛《いと》しい未来の妻よ、あなたに神のご加護がありますように」

ダーウィンは決して、最高の妻を見つけたわけではありませんでした。そんな努力は無意味です。けれど、彼を繁栄させてくれるパートナーを見つけたのは確かです。

さて、前述したマーティン・ガードナーが『サイエンティフィック・アメリカン』に掲載した解決法を現実に当てはめようとすると生じる問題が、もう一つあります。それは、この解決法が「結婚を申し込んだ相手が全員喜んで同意してくれる」という前提のうえに成り立っていることです。現実の世界には、そんなぜいたくが楽しめる人は、ほとんどいません。ペーネロペーには１０８人の求婚者がいましたが、普通はたったひとりいればラッキーなくらいで、そのひとりが自分に合う相手とも限りません。

相手がいなければ始まりませんから、結局、誰とも結婚しない人はたくさんいます。相性のいい相手が最後まで見つからないのです。若いうちに結婚する伝統が何十年も前に消えてしまった現代では、その傾向はさらに強くなっています。そこで、結婚ではなく、友情を育てるのも、自身を繁栄させるもう一つの方法です。私の独身の友人の多くが、幅広い友だち関係を築いています。彼らは配偶者や子どもがいないぶん、友情に時間を費やし、良き友、良き叔父・叔母でいることに力を注ぎます。多くの既婚者が結婚生活の外で得る友情に比べて、彼らにとっての友情は、人生の意味や繁栄をもたらす源として、より重要な存在となっています。

家族や友人が人生に意味を与えてくれるという意見には、多くの人が同意してくれるでしょう。しかし、家族や友人との関わり方は、特別な種類のワイルド・プロブレムです。結婚や子どもに関する決断のようなドラマチックさはないものの、家族や友人のための時間の使い方とその影響は、やはり予測が難しいものです。ドラマチックではない代わりに、選択によって犠牲になるものがとても多く、そのために対応が難しくなります。時間を使うとき、人は「私にとってどんな得があるのか」を重視しがちです。そしてつい、家族や友人と過ごすのを、あと回しにしてしまいます。友だちだから、家族だから、いつでも会えると思ってしまうのです。

さらに仕事や出世欲が、これらの関係から私たちを引き離します。特に家族に対しては、仕事に多くの時間を費やす生活を簡単に正当化できてしまいます。仕事をするのは自分のためではない、家族のためだ、たくさん働いて出世したり給与が増えたりすれば、その恩恵を受けるのは家族なのだから、と考えることができるからです。

そして、家族と過ごさず、自分の趣味に時間を費やす行動も正当化しがちです。ゴルフ、テレビでアメリカン・フットボールの試合を観る、スマートフォンを触ってだらだら過ごす、といった時間の使い方です。自分にもリラックスするための遊びは必要だ、そのほうが良き友人、配偶者、両親になれるのだ、と自分に言い聞かせるのです。こういった楽しみは、常に街灯の明るい光に照らされていて、簡単に人を誘惑します。人はどうしても、自分が世界の中心だと思ってしまうものです。では、友情や家族の大切さを忘れないためには、どうすればいいのでしょうか。

身近な人たちとどう関わるかは、日常的に直面する問題です。あなたはどういう友人、親、同僚でいたいですか？　この問いには、結婚を申し込むべきか、子どもを持つべきかといった問題のようにドラマチックな響きはありません。しかし友人として、親として、同僚としてどのように振る舞うのか、周囲の人びとをどう扱うかもまた、私たちがどういう人間なのかを決定づける重要な問題です。ただしその影響は、ほかのもっとドラマチックな決断と違って、長い時間をかけて、ほとんど気づかないような形で起こります。私たちは日常生活の中で、身近な人たちを、繁栄をもたらす存在として見ることもできるし、功利主義的な喜びを得る対象として扱うこともできます。この二つの考え方は、しばしば葛藤を生みます。次の章では、こうありたいと考える自分になるために、この葛藤にどう向き合うべきなのかを探索したいと思います。

第8章

自己中心的という不幸

自分にフォーカスしすぎることの危険性

出典不明のこんなことわざがあります。早く行きたければ、ひとりで行け。遠くまで行きたければ、誰かといっしょに行け。ちなみに私は、ひとりで行動するのがいやだと思ったことは一度もありません。私も妻も、詩人のダナ・ジョイア［1950年生まれの米国の詩人、文芸評論家］が呼ぶところの「孤独受容力」を持っています。あなたの関心をひこうと常に誘惑してくるアプリや広告があふれる現代社会においては、ぜひ身につけるべき能力だと思います。しかし私も妻も、長い旅の場合は、ふたりで行ったほうが楽しめます。この原則が当てはまるのは、結婚だけに限りません。仕事でも、ボランティアでも、好きなゲームをするときも、誰かといっしょにやるほうが楽しいものです。協力する楽しさは、もっと高く評価されるべきです。

良き友人、配偶者、同僚として、身近な人たちと親交を深めることは、日常的に直面するワイルド・プロブレムです。仕事に打ち込んだり、ひとりで好きなことをしたりしたい気持ちと、もっといっしょに過ごしたいと求めてくる周囲の人びとの気持ちとのバランスを取らなければなりません。では、繁栄を重視する考え方は、この問題の解決にどのように役立つでしょうか。どうすれば、より良い友人、配偶者、同僚になれるのでしょうか。

まずは自分自身を克服し、自分は世界の中心ではないと自覚することから始めましょう。そうするには、自分の行動や言葉が周囲の人びとにどのような影響や印象を与えるかを認識する力、自己認識力が必要です。この自己認識力は、セラピー、瞑想、宗教、哲学や文学の本を読むことで、きたえられます。

宗教や瞑想の理想的な効果は、自分自身について学び、自分を超えた何か大きなものに引き合わせてくれることです。超越的な感覚、何かに属しているという感覚を経験させてくれます。しかし実践の仕方を間違えると、自己陶酔、ナルシシズム、視野の狭さ、自己中心的といった方向に進んでしまいます。私が自己認識と呼んでいるものは、これとは違います。認識しなければならないのは、私たちの言動や思考は往々にして無意識に影響されている、という事実です。私たちはよく、その日の少し前に起こった出来事に感情が影響されたり、すっかり染みついてしまっている会話の仕方の癖《くせ》で、反射的に言い返してしまったりします。

例えば結婚生活においては、配偶者に言われたちょっとした一言に、感情的に反応してしまうかもしれません。長年いっしょに暮らすうちに習慣として刻み込まれ、すでに無意識の反応になっているのです。瞑想、セラピー、宗教が最大の効果を発揮すれば、このような反応をする前に、いったん立ち止まって考えられるようになります。いったん立ち止まって冷静になれば、真実は言葉だけでは伝えきれないということを思い出せます。そして、うっかりいつものパターンにはまる前に、別の反応もできると思い出せます。反射的な反応には、自分の不安、願望、欲求が作用していることや、いつもの習慣的な反応から一歩距離を置き、もっと思慮深く思いやりのある反応ができることも思い出せます。これを何度も実践すると、とっさの反応を少しずつ改善できます。

このような自己認識力を身につけるのが難しい理由は、それが自然に理解できるようなものではないからです。狭い功利主義的な生き方をしていれば、自己認識はさらに難しくなります。自分にとってどんな得があるのか、どんな利益が得られるのか、その利益はコストよりも大きいのか。そういう考え方ばかりしていたら、他者とのやり取りの仕方を意識するのも、自分の行動が相手の気持ちを十分思いやれていないと気づくのも、かなり難しいでしょう。

まるで自動操縦のように繰り返してしまうパターンや、人間関係を壊したり有害なものにしてしまったりするパターンから抜け出すには、どうすればいいのでしょう。どうしたら私たち一人ひとりの物語、人生の物語を書き変えて、自己中心的な考え方から抜け出せるのでしょうか。人は、自分の物語の中に自分を固定してしまいがちです——犠牲者、ヒーロー、スーパースター、負け犬、その中間にあるすべて。

そして必然的に、自分を、自分だけのリアリティ番組の主人公にしてしまいます。あくまでも主人公として、大きな人生の決断、つまりどこに住むか、どんな仕事をするか、誰と結婚するかといったワイルド・プロブレムに向き合うのです。面白いドラマの常として、人の一生には、典型的だったり意外だったりするさまざまな出来事が起こり、先の読めない展開が物語を面白くします。病気になったり、当てにしていた仕事がもらえなかったり、好きになった相手に拒絶されたり。逆に予想外の栄誉にあずかることもあります。例えば、起業した友人が思いがけず好条件の仕事を打診してくれるとか、友人だと思っていた相手と旅先で愛が生まれるとか。

あらゆる出来事の中で、耐えたりあきらめたり、泣いたり笑ったり、ダンスの輪に入ったり遠いところから眺めたりします。計画や策略を立て、祈り、夢を見ます。過去の成功を思い出したり、未来の成功を想像して白日夢にひたったりします。意外な展開がうまい方向に転がれば自分をほめたたえます。いつもではないものの、暗い展開だった話や、全体的にぱっとしなかったシーズン、つまりどんなに努力しても人生がうまくいかなかった時期を、たびたび思い返します。過去は増えつづける物語の保存庫であり、未来へと持っていく記憶です。未来には、作り上げたいと夢見る物語がいくつも詰まっています。

人間の本能は、他者よりも自分を重視するようにできているため、『私の物語』と呼ぶべきドラマが24時間、年中無休で心の画面に映し出されています。だからどうしても自分は、自分の人生というドラマの主人公、周囲の人びとは全員脇役、と考えがちです。

このような視点に頭が占拠されれば、結果的に日々の行動に影響します。自分の身に起こる出来事、未来に起こってほしい出来事の意味を、そういう視点でしか解釈できなくなります。そんな物語は、必然的に不完全なものになります。物語の書き手として、どうしても自分を中心にした形で物事を装飾して語りがちだし、その内容はいつも正確とは限りません。かのアダム・スミスは、自己認識と現実の自分とは、必ずしも一致しないことを知っていました。

彼はまるで、自身に手術を施すときも決して手が震えない大胆な外科医だと人びとは言う。同じくらい大胆に、自身の行動のゆがみを覆いかくす自己欺瞞の神秘のベールを、ためらわず脱ぎ捨てることができる。

自分の物語の語り手である私たちは、主人公の真実から目をそらしがちです。「自己欺瞞の神秘のベール」を脱ぐのは、とても難しいのです。

昔の人たちはおそらく、自分の物語を小説の作者のような感覚でとらえていたでしょう。現代人の私たちの感覚は、もっと映像的です。例えば私の場合、人生は『トゥルーマン・ショー』［1998年公開の米国映画。生まれたときから人生のすべてを生中継されていることに気づいていない主人公の話」のようなもので、私はトゥルーマン役です。ただし視聴者はずっと少なく、正確に言うと、たったひとり。私です。私は主人公であると同時に、物語をこのような形で観る、ほぼ唯一の観客です。しかし私は、そのことにほとんど気づいていません。映画の脚本や過去のエピソード、このシリーズが今後も続くとしたら次に放映されるエピソードなどについて考えるのに忙しすぎて、気がつく余裕がないのです。

もっと違う人生のとらえ方もあります。自分の物語を語る部分を変えるのではありません。それは、人間が自己中心的なのと同様、変えるのが難しい本能的な部分だからです。変えるのは主人公です。自分だけのリアリティ番組の主人公として振る舞い、まわりの人びとを脇役だと考えていると、人生における重要な経験の大部分を逃すことになります。そして、その経験を通して成長する機会も失ってしまいます。

自分を主人公にしたいという本能的な欲求のために、周囲の人びととの役割は必然的にあまり重要ではないものになります。ここで、中学生が演じる『マイ・フェア・レディ』〔1956年にブロードウェイで公演されて有名になったミュージカル〕を想像してみてください。舞台監督は、ベネディクト・カンバーバッチ〔俳優。マーベル映画のドクター・ストレンジ役などで有名〕と同じ高校の卒業生で、うまいことカンバーバッチを説得して、主役であるイライザ・ドゥーリトルの父親、ゴミ収集作業員のアルフレッド役を演じてもらうことになります。

アルフレッドはミュージカルの主役ではありません。しかし、劇中歌として「運がよけりゃ」と「時間通りに教会へ」という二つの名曲を歌うし、何度か印象深いセリフも言います。彼以外は全員中学生の劇で、ベネディクト・カンバーバッチがこの役を演じれば、生徒たちにとっては忘れられない記憶となるでしょう。そしてベネディクトはこの経験から、彼自身のとっておきの物語を作り出せます。「ハーロウ高校の旧友のために、ひと肌脱いだときの話をしようか……」

この、ベネディクト・カンバーバッチと子どもたちの関係をどう表現しますか？　子どもたちはおそらく、本物の俳優で有名人の彼と共演するという経験に圧倒され、畏怖すら感じるでしょう。一言で表せば「遠い」です。両者は対等ではありません。対等ではないため、本当の意味では関係を築けません。もちろん、共感できるような側面もあるでしょう。何しろ同じ劇に出演し、同じ場面を演じるのですから。舞台裏で会話を交わしたりもするでしょう。けれど、決して意味のあるやりとりはできません。大スターのカンバーバッチと子どもたちのへだたりは大きすぎます。カンバーバッチは舞台の上で、あるいは舞台裏でさえも、自分の本質的な部分を少しでも中学生たちと共有できるでしょうか。とてもそうは思えません。大勢の中学生に囲まれて、彼はどれほど本来の自分らしくいられるでしょうか。

この話は、自分の人生の物語の主人公に自分を配役するような生き方がどれほど馬鹿げているかを示すための、ある意味で背理法的な証明です。私たちは、他者に共感することはあっても、まったく同じ立場から考えるわけではありません。どうしても相手ではなく、自分がどう感じるかを重視してしまいます。相手の行動が自分にどう影響するかばかり考え、その逆は考えません。劇の中のバックコーラスのような立場のときでさえ、その立場を現実よりも重要なものとして描こうとします。あくまでも自分を重視し、ほかの人たちの役割を軽視して、誰もが自分と同じように感情を持ち、人生のドラマを経験していることを忘れてしまいます。大げさにポーズをとって周囲の視線を意識し、わずかなセリフを必要以上に大声で言わずにいられません。

ただこれは、自分を主人公と見なすのはナルシシストだという意味ではありません。謙虚で内気な人もまた、常に放送中のミニシリーズの主人公です。シリーズのテーマが「謙虚で内気な人が直面する試練」というだけの違いです。どれほど謙虚でも、内気でも、人は自分自身にフォーカスし、自分中心の視点で日々の経験をとらえ、過去の記憶を歪んだ不完全なものにしてしまうのです。

では、それとは違う生き方を紹介します。

登場人物が全員主役のシチュエーション・コメディや連続ドラマを思い浮かべてみるとわかりやすいでしょう。『フレンズ』〔1994～2004年に米国で放送されたコメディドラマ〕のような作品には、主役も主人公もいません。大勢の登場人物の人生が絡み合ったり離れたりするだけです。『となりのサインフェルド』〔1989～1998年に米国で放送されたコメディドラマ〕も、タイトルに名前が入っているものの、サインフェルドが主役ではありません。主役は4人います。ドラマのテーマは彼らの人間関係であって、ジェリー・サインフェルドの人生の物語がメインではありません。『ラブ・アクチュアリー』〔2003年に公開されたロマンチック・コメディ映画〕を思い浮かべてもいいでしょう。大物スターが勢ぞろいの作品ですが、その中の誰も、唯一の主役ではありません。愛と人間の結びつきの物語であって、ひとりの主人公の冒険物語ではありませんでした。

あるいは、パートナーとふたりでダンスフロアに出ていくと想像してみてください。あなたは、ダンスという行為をどうとらえますか？　自分が最大限に楽しんで満足するためだけのものでしょうか。とにかく注目を集め、ダンスのスキルをまわりに見せつけ、拍手と尊敬のまなざしを浴びようとするでしょうか。ダンスフロアを競争の場と見なし、誰よりも輝いてトップにのぼりつめようとするかもしれませんね。多くの人が、そんな踊り方をして一生を過ごします。まあ、競争相手の足をひっかけて転ばせたりしないかぎり、それも、最悪の生き方とまでは言えないでしょう。

でもそうする代わりに、自分への注目や、みずからの表現力を利用してパートナーを輝かせたり、フロアにいるダンサーたち全員がダンスを楽しめるように盛りあげたりすることもできます。全体の一部として動くように心がけながら、ほかのダンサーたちに喜びをもたらすような踊り方もできるのです。

パートナーやほかのカップルたちを意識してダンスフロアを動き回り、礼儀正しく振舞うだけではなく、その行動の前、その最中、その後の考え方も選べます。自分の寛大さを自画自賛するのもいいかもしれませんが、もっと広い視点を持ってみるのはどうでしょうか。個人を超える何か大きなもの、周囲とのつながりを感じられる豊かな世界の一員として、自分をとらえ直すのです。

毎日の経験のとらえ方は選べます。一つのとらえ方は、自分を基本的に世界の中心、ヒーロー、そして生まれながらに孤独な存在と見なすことです。もう一つは、自分を何かと結びついた、何かに属すものとして考え、その感覚を中心にすえて経験をとらえていく方法です。一つの経験をする前、その最中、その後をどう考えるかによって、日々の経験から何を吸収するかも変わってきます。

自分を唯一の主役ではなく、誰もが主役になるアンサンブル・キャストのひとりだと見なすと、生き方はどう変わるでしょう。自分は群像劇の一部だという考え方を、日常でどのように実践すればいいのでしょう。

まずは、誰かと久しぶりに会ってコーヒーを飲みながら話すことになったと想像してみてください。あなたは、会話を始める前に、話したいことを頭の中に並べてみます。最近あった面白い出来事、仕事で成功した話など。そして、会話をしているときも、次に何を話すか、何を言いたいのかが、ちゃんと伝わるかどうかばかりを考えます。友人と話す場合と比べて、仕事上の会話の場合は、特にそんな心配で頭がいっぱいになります。どうしたら良い印象を与えられるか、相手が自分のために何をしてくれるか、そういったことばかりに集中してしまいます。

しかし、友人といっしょにいるときでも、直接的・間接的に相手を自分の目的のために使ってしまうことはあります。会話が終わったあとは、話したかったことを全部話せた満足感にひたり、自分のユニークさ、雄弁さにうっとりします。たとえ、広い心を持って全体の半分は相手にゆずり、同じくらい話す時間を与えたとしても、このような視点を持つかぎり、それは自己中心的な態度です。

そんな、交互のモノローグのような会話ではなく、本物の会話をしましょう。行く先が予想できない、事前に計画などできない会話です。会話というより、アドリブですね。事前に準備された台本は存在しない、有機的なやりとりです。

もちろん、友人と話をするときは、近況や最近起こった重要な出来事など、何を話したいか事前に考えることもあるでしょう。でも、それにフォーカスするあまり、他をすべて無視してしまうような会話は避けたいものです。旅程表を手にして会話にのぞむのはやめましょう。事前に何もかも決めた台本ではなく、会話の流れの中で話したいことを発見するほうが、ずっと楽しい旅になります。

自分の会話術のすばらしさに酔いしれる代わりに、もうひとりの人間と交流する楽しさを、心ゆくまで味わいましょう。会話を特定の方向に進める計画は立てず、予測もせず、やりとりの中で何が起こるかを見守るのです。次に何を言うかを考えながらしゃべるのでははなく、相手の話に完全に集中しましょう。

家族や友人を目標達成や効用強化の道具として見るのはやめて、交流から何が得られるかには関係なく、大切なパートナーとして接するようにしましょう。誰かとの交流の機会は、台本のあるドラマではなく、探索や冒険だと思いましょう。そして、相手の人間に心を開く機会を与えるのです。自分が主人公のドラマよりも、そのほうがずっと大事な、意味のある物語になるかもしれません。会話の流れなど、自分でコントロールできなくてもいいのです。

これらはある意味で、どれもありきたりの言い古された言葉かもしれません。家族や友人は人生を有意義なものにする、だから大事にするべきだ。そう、誰でもわかっています。しかし、わかっているなら、なぜ子どもと話しているときにスマートフォンの通知を確かめるのでしょう。なぜパーティで話をしている相手の肩越しに、もっと面白い話し相手はいないか、あるいはもっとひどい場合には、何かの目的に役立ちそうな相手はいないか探すのでしょうか。なぜ自分にとって直接的な利益がないからと、ある友人に協力するための時間を作れないのでしょうか。なぜ離れていく友人を止める努力をせず、友情を維持するチャンスを逃すのでしょうか。なぜ通話の発信者名を見て、無視しようと決めたりするのでしょうか。私たちはいつも自分に言い聞かせます。家族なんだから、きっとわかってくれる！

しかし何よりも、なぜ私たちは本能的な欲求に負けて、自分を主人公として見てしまうのでしょうか。友人、家族、同僚とともに過ごす人生を、幸運にも参加できた群像劇としてとらえることができれば、相手を、そして自分自身のことも、もっと大事に扱えるはずなのに。いえ、「もっと大事に扱う」では表しきれません。日常生活の味わいが、丸ごと変わります。日々がより豊かで、満ち足りたものになるのです。精神科医のイアン・マクギリスト［1953年生まれのイギリスの精神科医、作家］は、著書『The Master and His Emissary（主人とその使者）』の中で、右脳と左脳は、それぞれ異なる方法で周囲に注意を向けたり、経験を処理したりすると述べています。私が主催するポッドキャスト『EconTalk』のインタビューで、彼はその違いを次のように説明してくれました。

左脳は、人間が世界に対して働きかける手助けはできるが、世界全体を理解する手助けは、あまりうまくできません。この辺を少し、あの辺を少し、それからこの辺を少しという調子で、狭いところに集中して断片的な注意を向けるのです。これに対して右脳は、世界全体を網羅して持続的に把握できます。そして、世界における自分の存在を持続的に認識するのです。この二つは非常に種類の異なる注意の向け方です。

イアンはさらに、右脳は人とのつながりや、相互作用によって生じる関係性をつかさどると言っています。特定の狭い部分に集中するのではなく、全体像を見るのです。もちろん、人間には両方の脳が必要です。しかし、人とのつながりを感じる部分、つながりを求める部分は、ぜひ意識して強化すべきです。それこそが影の中にある部分、つい忘れてしまいがちな部分だからです。

ラビ［ユダヤ教指導者の敬称］・ジョナサン・サックス［１９４８〜２０２０年。イギリスのラビ、哲学者］は、人間どうしの契約《コントラクト》と、神との契約《コヴェナント》の違いについて、多くの著作を記してきました。人間どうしの契約で重要なのは、それぞれにとっての利益です。契約的な人間関係の中では、人は損得ばかり気にして、搾取されることを警戒します。そのような関係は、結婚や友情を破綻に追い込みます。

一方、神との契約は約束です。「私たちは常にともにある」という誓約です。神との契約の基盤にあるこの誓約のおかげで、私たちは「自分に納得いく取り分があるかどうか」などという心配をせずに、周囲の人びとと関わることができます。そして、人との関わりをもっと楽しめるようになります。誓約を守るのは、相手に搾取されるのを恐れるからではなく、約束を必ず守るという信頼に値する人間でありたいからです。サックスは「結婚により、愛は忠誠心に変わる」と言いました。誓約によって、結婚するふたりは、自分の利点ばかり気にするような考え方を乗り越えるわけです。

人間どうしの契約の場合、ちょっとしたことで、相手が自分の期待通りに契約を果たしてくれていないという不満を感じがちです。次の契約期限が来たらもう更新しない、と軽い気持ちで考えることもできます。単なる取引に過ぎないのだし、もっとお得な取引は、ほかにいくらでもあるだろうと考えます。しかし神との契約の中では、家族や友人は利益を増やすために利用する対象ではありません。彼らは、人生という旅のパートナーなのです。

この人と関われば十分な利益が得られるだろうか、などと心配することなく、同じ経験をわかちあって楽しむことができます。そして幸運に恵まれれば、あるいは真剣な努力によって、神との契約の行動規範を最優先できるようになり、すると犠牲は、もう犠牲とは感じられなくなります。最初は犠牲だと感じたとしても、パートナーシップを重視する習慣を身につけていけば、犠牲もまた、充足感を与えてくれる習慣に変わります。自分の人生のとらえ方を変え、ひとりの主人公の物語ではなく群像劇だと意識すれば、今よりも良い友人、配偶者、そしてより人間らしい人間になれるのです。

とはいえ、実行するのは驚くほど難しいものです。しかしそのための努力は、自己中心的なこだわりから自分を解放してくれます。群像劇精神の効果の一つは、自己中心的な考え方を乗り越えるのが楽になることです。「自分」が、ある意味で小さくなります。それに比例してエゴも縮みます。自分は世界の中心ではなくなり、現実を誇張した物語のヒーローでもなくなり、番組の主人公でもなくなります。自分を群像劇の一員として見ると、かつては不公平だと感じていた物事も、たいしたことないと思えるようになり、あまり怒りも感じなくなるでしょう。

これは、もし人生がコーラスだとしたら、歌姫になろうとしないことです。声を少し落として、ハーモニーを楽しみましょう。人生がダンスフロアなら、ほかのダンサーのための場所を作り、パートナーを輝かせましょう。つい「自分に何の得があるのか」と考えたくなる衝動に気をつけて、みんなで歩むこの旅の中で、ほかの人びとのために何ができるのかを考えましょう。

自分の満足感だけにフォーカスする考え方の危険性は、本書の重要なテーマです。それがそんなに危険なことだろうか、と疑問に思いますか？　もちろん、自分の満足感を大事にする必要もあります。私が言いたいのは、あなたが本当に欲しいものは、あなたが思うよりも少し複雑だ、ということなのです。

それが特に当てはまるのは、自分らしさについて熟考せざるをえないような、道徳的ジレンマのワイルド・プロブレムの場合です。自分らしさとは、自分がどのような行動規範や価値観を守ろうとする人間なのかということです。私たちは、どのような行動規範や価値観をめざすべきでしょうか。どうすれば、それを裏切るのではなく、守り抜けるようになるのでしょうか。道徳的ジレンマに直面すると、私たちは自分の本質や理想について、考えざるをえなくなります。次の章では、この道徳的ジレンマについて考え、理想の自分と衝突する、ごく狭義の功利主義的な欲求に打ち勝つ方法を探りたいと思います。

第9章

決断のシンプルなルール

あれこれ思い悩んで時間を無駄にしないために

第5章に登場した、豚と哲学者が最も激しく衝突するワイルド・プロブレムが「道徳的ジレンマ」です。ある経験を、その瞬間は楽しいと感じても、結果的に自尊心が損なわれ、長期的な代償を支払うことになるのです。狭義の功利主義は、多くの場合、繁栄に関わる重要な行動規範と対立関係にあります。

例えば、道に財布《さいふ》が落ちているのを見つけたとします。拾って中を見ると、現金が

200ドル、何種類ものクレジットカード、運転免許証が入っていました。まわりを見回しても誰もいません。あなたひとりです。さて、どうしますか？

私は、あるエリート私立高校で、経済学を勉強する高校3年生の生徒100名ほどに、オンライン講義の中で、この落とし物の財布の質問をしました。生徒たちの反応は、ほぼ全員一致でした。経済学の原則に従うなら、拾ったところを誰にも見られていないかぎり、財布は自分のものにするべきだ、と答えたのです。その理由は次のとおり。現金を使って好きなものを買える、したがって今より幸せになれる。誰にも見られていないのだから、現金を着服したなどと悪い評判がたったり、持ち主を探さなかったことを非難されたりするコストも発生しない。生徒たちにとって、財布を自分のものにしてお金を使うという選択は、経済学的な損得計算において最も望ましく、実現可能であり、文句のつけようがなく合理的だったのです。

経済学者のアリエル・ルービンシュタイン［1951年生まれのイスラエルの経済学者］は、合理的な意思決定というものを、以下のように定義しています。

1 何が望ましいか？ と問う。

2 何が実現可能か？　と問う。
3 実現可能な選択肢から、最も望ましいものを選ぶ。

これ以上ないほど明確で、非の打ちどころがない定義のように見えます。少なくとも、生徒たちはそう思っていました。

これは人間行動のモデルでもありますが、反論として有名なのが「人間は、欠陥のある計算機だ」という考え方です。つまり、人間は常に首尾一貫した行動はしないし、不確定要素に惑わされるし、偏見を持ちます。これが行動経済学の世界です。しかし、もっと重要な問題は、「何が望ましいか？」と考えるとき、よく気をつけていないと、プールとカクテルのことばかり思い浮かべてしまい、繁栄についての考慮がおろそかになりがちなことでしょう。

これは間違いなく、最も狭義の功利主義であり、残念ながら、一部の経済学者は、経済学の授業や研究の中で、このような考え方を奨励しています。彼らは狭い利己主義の中で「何が望ましいか」と、私たちが「何をすべきか」を混同しているのです。この二つは同じものではありません。

高校の生徒たちは、誰かを助けることで喜びを得られるのなら（誰かを助けるのが好きな人がたくさんいるのは明らかな事実です）、財布を返す決断も、経済学の定義において合理的かもしれないという可能性を見落としていました。財布の持ち主に感謝されることで得られる喜びは、現金を使って得られる喜びよりも大きいかもしれないのです。

そして、第3のタイプの人もいます。財布を自分のものにしたいとは思うものの、返すのが正しいおこないだからと、仕方なく返す人です。このタイプの人は、人生のゴールとは、単純に日々の経験から最大限の喜びをしぼりとることではないと信じています。このように、人はときどき、ただそうすべきだからという理由で正しい行動をとります。こうありたいと思う人間でいるために、がまんをしてでも犠牲を払います。彼らは、常に正直な人間でありたいと願っているのです。

一方、正しい行動に対して何も思い入れがなければ、財布を返すか自分のものにするかは、まったくワイルド・プロブレムではありません。単純にお金から得られる利益と、誰かに見られた場合に生じる「自分の評判が傷つく」コストとを比べるだけです。しかし、財布を返すのが正しいおこないだと思うなら、あるいは、それが正しいおこないかもしれないと漠然とでも感じるのなら、狭義の功利主義的な考え方と、自己イメージや自分らしさとが衝突します。では、このような状況では、どのように決断をくだせばいいのでしょうか。

数年前の夏、私と妻はグランドティトン国立公園内のホテルに4泊5日、滞在しました。滞在3日目に、妻はダイヤモンドのピアスを片方なくしてしまったことに気づきました。私が何年も前に、結婚記念日のプレゼントとして贈ったものでした。私たちは部屋中を探し回りました。その日、渓流くだりに出かけた場所にも問い合わせましたが、ピアスは見つかりませんでした。私は、また同じものを買えばいい、最悪の悲劇ってわけじゃない、と言って、妻を慰めました。しかし妻は、目に見えて落ち込んでいました。

翌朝、私たちは別の部屋に移動しなければなりませんでした。初日から泊まっていた部屋は、途中から別の予約が入っていたのです。それから、遠くまでハイキングに出かけました。山の絶景を楽しみ、ヘラジカを見ました。川越しにグリズリーベアも目撃しました。とても長く、疲れたけれど、充実した一日でした。宿に戻ってきて、新しい部屋に向かいました。部屋に入ると、ベッドサイドテーブルの上にメモがあるのに気づきました。「901号室でこれを見つけました。お客様のものでしょうか。テオドラより」

「これ」とは、メモ用紙の上にそっと置かれた、妻のダイヤモンドのピアスでした。901号室は、移動する前に泊まっていた部屋です。私たちが出たあと、この客室係が掃除をして、床の上に落ちていたピアスを見つけたのでしょう。彼女は、そのピアスが、もしかしたら私たちより前に泊まった客のもので、私の妻のものではないと考えた可能性もあります。私たちのものではありません。もし私たちがそう言えば、テオドラは、実は自分ののだったと言って、ピアスを手に入れることができるかもしれないのです。

ときどき、私はその日の朝のテオドラを想像します。掃除をするテオドラ。彼女はこの仕事が好きでしょうか。それとも嫌々ながら働いているのでしょうか。彼女の毎日は、どんな生活なのでしょう。ティトン山脈の壮大な景色が常にかたわらにあって、手を伸ばせば触れられるような気がする美しい場所で、夏のあいだ毎日、毎日、床を掃いて、掃除機をかけて、ほこりをはらって、拭き掃除をするのは……。単調でつまらない仕事かもしれません。もしかしたら、彼女にとっての掃除は、作業に集中することで瞑想のような効果があるのかもしれません。あるいは、まったく関係ないことを考えながら、うわの空で作業していたかもしれません。そのとき、足もとに何かキラリと光るものが見えます。かがみこみ、手に取って見てみます。ガラスの破片か何かでしょうか。

それがダイヤモンドのピアスだと気づいたとき、彼女の心を最初によぎったものは何だったのでしょう。興奮？　喜び？　誘惑？　部屋には彼女ひとりです。誰も見ていません。信仰を持つ人なら、神が見ていると思うかもしれません。しかし、テオドラが神を信じていなかったとしても、誰かひとりが見ていることはわかっています——テオドラ自身です。ピアスを発見して、彼女はどんな反応をしたでしょう。どのような感情がこみあげたでしょう。

あんなに小さな物をポケットにすべりこませるのは、どれほど簡単だったでしょう。もしかしたら、実際にポケットに入れてどんな感じがするか試し、自分のものにするべきかどうか考えたかもしれません。どうするか考えながら掃除を続けたかもしれません。ダイヤモンドの大きさによっては違う決断をしたでしょうか。誠実な行動と金銭的価値のあいだに交換条件はあるのでしょうか。払う犠牲が大きすぎて誠実な行動がとれない場合もあるのでしょうか。

テオドラは、夏のあいだだけの外国人労働者でした。リゾート地での仕事は普通、あまり高給ではありません。山脈の景色を毎日楽しめること、休みの日には近くをハイキングできることも、報酬の一部と見なされるのでしょう。ホテルの宿泊客の誰もが彼女よりも生活水準が高いに違いないと考えて、ピアスを自分のものにすることを正当化するのは簡単だったはずです。彼女は、私たちがダイヤモンドを自分たちのものかどうか見分ける方法などないと自分に言い聞かせて、もう連絡の取れない過去の宿泊客の持ちものだったと信じ込むことも、簡単にできます。けれど、彼女はそうしませんでした。メモを書きました。その上にダイヤモンドのピアスを置きました。

翌日、妻はテオドラを探しだし、彼女を抱擁して、泣きながら感謝の言葉を伝えました。そして、テオドラは決してそんな要求をしませんでしたが、確か50ドルほどの謝礼金を渡しました。ではテオドラは、こうした抱擁と謝礼金を期待して、ダイヤモンドのピアスを返したのでしょうか。おそらく違いますね。

テオドラがダイヤモンドのピアスを返したのは、自分は誠実な人間だという意識があったからだと思います。物の価値に関係なく、誰かが失くしたものは返すという人間、正しいおこないをする人間としての矜持《きょうじ》があったのです。もしピアスを自分のものにしていたら、テオドラは、そんな自分自身を裏切ったように感じたでしょう。

この件について彼女に詳しい話を聞くことはありませんでしたが、彼女がダイヤモンドの価値と「正しいおこないをして誠実な人間としての自尊心を保ちたい」という気持ちとを比較して迷ったとは思えません。彼女は何よりも、自分らしさを優先したのです。交換条件も、予測されるコストと利益のリストもありません。おそらくダイヤモンドがどれほど大きかったとしても、彼女は正しい行動をとろうとしたでしょう。

テオドラのように、犠牲を払ってでも正しいおこないをする人についてどう思いますか？　ピアスを返すなんて愚か者だ、宗教や両親の教えを盲信しているだけだと思いますか？　思いがけなく手に入れた高価なものをあきらめて、自分よりもずっと裕福な相手に手渡すのは、分別ある行動だと思いますか？　宿泊客が思い入れのある（高価でもある）物をなくしてしまったせいで楽しい休暇の思い出が台無しになったりしないように行動したテオドラを尊敬しますか？　それとも憐《あわ》れみますか？　テオドラはお人よしでしょうか、それとも聖人でしょうか。

経済学者にとっての標準的なツールキットである功利主義的な考え方によれば、テオドラがダイヤモンドを返したのは、自分が正しいと信じる行動をとることによって得る喜びのほうが、ダイヤモンドの価値よりも大きかったからです。経済学者の世界観では、人には誰でも、自分自身につけた価格があります。自分の信念にそむくことの引き換えとして十分だと感じる金額、あるいは金銭以外の利益のことです。これは、人間の持つ欠点、そして自分自身の欠点の理解に役立つ、深い洞察です。

信念を貫くために大きな犠牲を払わなければならない場合、人はたしかに、そうすることを難しく感じるものです。この概念を一言で表現するものの中で私が気に入っているのは、「どこに立つかは、どこに座るかによって変わる」です。もう一つは、アプトン・シンクレア〔1878〜1968年。米国の小説家、政治活動家〕が考えたか、少なくとも最初に口にした「ある物事を理解しないことで給与をもらっている者に、その物事を理解させるのは難しい」という一節です。自分をよく観察していれば、金銭的・非金銭的な報酬や罰が、特定の行動をとるようプレッシャーを与えることに気づくはずです。経済学者は、助成金や税制優遇のような奨励の仕組みを構築するとき、この現実を利用して、特定の行動をうながしたり抑制したりします。

おそらく作り話でしょうが、有名な逸話があります。イギリスの劇作家ジョージ・バーナード・ショー〔1856〜1950年。アイルランド出身の文学者、脚本家〕が、あるディナーパーティで美しい女性に、100万ポンド〔現在なら約2億円〕と引き換えに、彼の家で一晩過ごすかどうか尋ねます。女性は「考えてみます」と答えます。彼は「わかりました、では10ポンド〔現在なら約2千円〕だったらどうですか?」と尋ねると、女性は屈辱を感じ「私を何だと思っているの!」と言います。「それについては、お互いに了解ずみのはずですが?」と彼は答えます。「今はただ、その金額の話をしているだけですよ」

私の知る限り、誰かに「あなたは金銭的報酬と引き換えに何かをする」と指摘すれば、それは、その人が金銭的な取引条件を考慮して意思決定をするような人間だと言っているようなものであり、その相手は非常に腹を立てるでしょう。自分が、それなりの金額を提示されれば簡単に買収されるような人間だと思われることに、屈辱を感じるのです。しかし、商品の価格が下がればたくさん買い、価格が上がれば買うのを控えるのは誰でもすることなのに、どうしてこの場合は気分を害するのでしょう。

その理由は、先のジョージ・バーナード・ショーがディナーパーティで出会った女性のように、人は自分の信条や本質的な価値観は売りものではないと考えたいからです。私たちは、価格の変動に合わせて基準を微調整する機械ではありません。もちろん、現実の人間は、金額に目がくらんで信条を犠牲にすることもあります。けれど、人間に対するそのような洞察が自分にも当てはまることを突きつけられると、人は怒りを感じるのです。私たちは、自分の信条に価格があるとは考えたくないのです。当然ながら、現実には価格をつけてしまうこともあります。ときには自分を売り渡してしまう、それも安くたたき売りしてしまいます。しかしそれは、あくまでも欠点であって、ほめられるような美徳ではありません。

あなたも、自分の本質がかかっている決断の場合には、コストを気にしてはいけません。自分らしさを守ってください。どんなに粒が大きくても、ダイヤモンドは返しましょう。交換条件はありません。狭い意味での合理性は、常に、コストを気にしなさいと求めてきます。しかしテオドラの教えは、もっとシンプルです。正しいおこないをしなさい。ダイヤモンドを返しなさい。ダイヤモンドを返すコストについては、いっさい考えないこと。つまり、ダイヤモンドを売って手に入れたお金で何が楽しめたか、などと考えてはいけないのです。

先に紹介したベンジャミン・フランクリンの意思決定のアドバイスは、プラスとマイナスのリストを作って、両側の項目を組み合わせて相殺するというものでした。これは、単純に、どちらの選択肢が最大の満足につながるかを知る方法の一つに過ぎません。しかしテオドラは、もっとシンプルなことを教えてくれます。自分の信じる自分、こうありたいと思う自分を裏切ることは、何と組み合わせても帳消しなどできません。だから、他人のダイヤモンドを懐《ふところ》に入れるという選択肢のコストの一つとして「自尊心を失う」と書き込むことはできないのです。もちろん、物理的に書き込むことはできるのですが、意味がありません。相殺できる項目がないのですから。

自分のリストのプラスとマイナスの集計を無視して「結婚する——結婚する——結婚する」と書いたとき、ダーウィンは、夫になるという決断には、夫・父親としての日々の喜びだけではない、何かもっと大事なものが関わっていると、おそらく気がついていました。パーシ・ダイアコニスが「本当に求めているもの」の話をしたとき、フィービー・エルズワースが「本当に望んでいるもの」について書いたとき、ピート・ハインが詩の中で「自分が何を望んでいるのか」と書いたとき、彼らは、コストと利益についてどう思うかだけではない、それ以上の何かに気づいていました。単なる日々の経験ではなく、自分らしさや、自分という人間の本質の話をしていたのです。

経済学でも、ほかの選択肢に進む前に優先する条件がある可能性は認識されています。そのような優先順位のつけ方に「辞書編纂《へんさん》型」という名前もついています。たしかに、自分らしさや自尊心を、経済学の合理的選択のモデルに優先事項として無理やり押しこむことはできます。しかしそれは結局、本当はモデルの外側にあるものだと言っているのと同じなのです。

功利主義的な意味でのコストと利益があまりにも大きく、自尊心が負けてしまう場合もあるでしょう。もしテオドラに手術が必要な子どもがいて、でもその費用が出せないような状況だったら、たとえ罪悪感があってもダイヤモンドを自分のものにすることは十分に想像できます。この場合、誰も彼女を厳しく非難はできないでしょう。それどころか、これは「ルールの例外」と言えるかもしれません。母親としてのテオドラのアイデンティティは、彼女にとって、誠実な人間でいることと匹敵するほど大切な、もう一つの行動規範です。彼女はどちらの規範も、狭義の功利主義より優先させます。

イスラエルに引っ越してシャレム・カレッジの学長になると決断した話の中で述べたとおり、私も、もしそれがネズミだらけのあばら家と、仕事もままならないほどひどい食事という条件と引き換えだったならば、天職だと感じても実際に引っ越すことはなかったでしょう。ただしこれらは二つとも、「ルールの例外」と誰でもわかる極端なケースです。

ルールはシンプルです。**信条を何よりも優先しなさい**。

決断が自分らしさを作ります。自分の本質に関わる物事に関しては妥協をしないこと。誠実に生きましょう。正しい行動をとって、自分に誇りを持ちましょう。少なくとも、そこを出発点にするべきです。テオドラの信条は、誠実な人間でいることでした。もちろん、二つの信条が衝突する場合もあります。例えば子どもへの愛情のように、誠実さよりも優先せざるをえない、さらに大切な信条もあります。

信条を日々のコスト・利益よりも優先するというのは、単純に、倫理観を持って正直になるという意味ではありません。落ちている財布を見つけたときや、報酬は大きいが倫理的に問題がある仕事を打診されたときにどう行動するか、という単純な問題ではないのです。信条を何よりも優先するのは、どういう人間でありたいか、どういう人間になりたいかに関わる問題です。ほかに大事な用事があっても、入院中の友人を訪ねること。早く行かなければ、と気が急《せ》くとしても、その友人の話にしっかり耳を傾けること。列に並んで待つのが大嫌いでも、投票に行くこと。

信条、つまり自分の本質を定義すると感じる行動規範を、狭義のコスト・利益よりも優先させて物事を決断するように心がけると、二つの良い効果があります。

一つめの効果は、決断がシンプルになることです。狭義のコスト・利益よりも自分の信条を常に優先するというルールがあれば、あれこれ思い悩んで時間を無駄にせずにすみます。ルールがある。それにできるだけ従う。常に従うのは難しいけれど、とにかくルールが基本。だから、原則としては、毎回「ルール通りにするとコストが大きすぎるだろうか」などと悩まずにすみます。ただルールに従えばいいのですから。

ルールは「紛失物を拾ったら必ず持ち主に返す」かもしれません。あるいは「友人が入院したら必ずお見舞いに行く」かもしれないし、「たとえ仕事と重なっても友人の葬儀には参列する」かもしれません（実際、必ずと言っていいほど重なりますよね。でも、行きましょう）。

結婚生活の場合、次のようなルールを決めている人もいるかもしれません。「配偶者に対して誠実でいること」あるいは「たとえ、とびきり笑えるジョークでも、他人の前で配偶者を馬鹿にするようなジョークは言わない」あるいは「公共の場で配偶者を怒鳴りつけたりしない。たとえ、前日に配偶者が私にひどい態度をとったことを考えればそれくらい仕方ないと感じたとしても」など。ルールを守るのが難しいときもあるでしょう。それでもルールは理想であり、そこに向かって努力しつづけるべきなのです。

もちろん、そんなルールが無意味に行動を制限するものに過ぎない状況もたくさんありますよね。何かに迷ったら、そのつど合理的に、コストと利益の重みづけをして判断したほうがいいのではないか、と思う人もいるでしょう。たしかに、味気ないルールをきまじめに守っていたら、せっかく味わえたはずの楽しみを逃してしまうこともあるかもしれません。

しかし、そのように反論する人は、私たちの多くが信条や理想を守るためにとる実際の行動について誤解しているのです。

そう、ルールは良いものです。思い悩んだり、複雑で定量化しにくいコストと利益をなんとか定量化しようと努力したりする時間を節約できるのですから。しかしルールには、もっと重要な利点があります。それは、コストと利益を一つずつ検討して、少しでも正確に計算・重みづけしようとする一見合理的なアプローチよりも、ずっと優れている点です。言いかえるなら、ルールは、自分をだますことを防いでくれるのです。これが二つめの効果です。

私と妻は現在、エルサレムのアパートの3階に住んでいます。階段とエレベーターがあり、どちらを使うこともできます。引っ越してきたとき、私は必ず階段を使うというルールを自分に課しました。ほぼ一日中、キーボードの前で過ごす生活なので、少しでも運動すべきだと思ったのです。

もっと「合理的な」ルールを作ることもできました。荷物が少ないときだけ階段を使う、外がとても暑いとき以外は階段を使う、などです。猛暑の日に大量の買いもの袋を抱えていて、階段を使うなんて馬鹿げていると思う日は必ずあるのですから。そういう極端な状況では、階段を使う運動で得られるはずの健康上の利益よりも、猛暑の中で大量の荷物を持って階段をのぼる苦痛のほうが大きくなります。

でも私は、自分をよく知っています。決まったルールを作らず、建物の入り口の前に立つたびにエレベーターを使うか階段を使うか決めるとしたら、私は、しょっちゅうエレベーターを使うべき理由を見つけてしまうでしょう。正当化は簡単です。今日は寝不足だから、エレベーターを使ってもいいはずだ。今日はちょっと暑すぎるんじゃないか？　バックパックにいつもよりたくさん本が入っているからね、といった調子で。こうして、理想の自分が望むよりも頻繁に、エレベーターを使うことになります。理想より劣る私、つまり現実の私は、なんとか階段を使わないですむ理由を考え出すのです。

ベンジャミン・フランクリンは、このことをよく理解していました。彼は著書『フランクリン自伝』（岩波書店ほか）の中で「合理的な人間でいるのは実に都合が良い。自分のやりたいことのすべてに、そうすべき理由を見つけるか、作り出せるのだから」と書いています。ですから、ルールを使いましょう。狭義の功利主義が繁栄と衝突するときは、「プールの魅力はわかりやすい」「プールはどうしても魅力的に見えるもの」と思い出してください。そして、自分の信条を忘れないでいられるように努力を重ねて、それを何よりも優先するのです。「優先する」とは、そうすべきでない重大な理由がないかぎり「必ず」信条に従うという意味です。

このようにルールは、アイデンティティや自分らしさの維持に役立ちます。しかし、もっと重要なのは、理想の自分へと、さらに押し上げてくれることなのです。今は優先するような信条を持っていない人でも、それを見つけることは可能です。

前出のルービンシュタイン（および主流の経済学者たち）が定義する合理的選択は、人間が求めるものは常に決まっている、という前提のもとに成り立っています。この前提を、経済学用語で「安定した選好」と言います。しかし哲学者のハリー・フランクファート［1929〜2023年。米国の哲学者］も指摘しているように、人間は「欲求に関する欲求」を持つ唯一の動物です。良心を持たない人が、誰も見ていないときに財布を自分のものにするのは合理的です。しかしその人は、自分のそんな欲求を恥ずかしく思うかもしれません。そして、地元のコミュニティから搾取するのではなく、むしろ貢献したいと考えて、そこから向上心が生まれ、良心が芽ばえるかもしれません。

アグネス・カラード［1976年生まれの米国の哲学者］が著書『Aspiration（向上心）』で書いたように、人生において重要なのは、自分が何者であるかだけでなく、何者になりたいかでもあります。例えば今の私は、特にオペラのファンではありません。でも、そのすばらしさが理解できるようになりたいと、いつか向上心を持つときがくるかもしれません。しかし向上心とは、異国の食べものやオペラを楽しむといった趣向だけに関わるものではありません。今よりも良い人間になりたい、もっと信頼される友人になりたい、もっと良い親になりたい、もっと愛情深い配偶者やパートナーになりたい、他人に対してもっと親切で忍耐強い人間になりたい、もっと誇り高い人間になりたい。そのような選択に価値を見出すのなら、自分の意思でその目標に通じる道を選ぶ、あるいは少なくとも道を探ることができるのです。

経済学者たちもかつては、人間はコストと利益だけを考慮する利益最大化マシンではないと考えていました。20世紀前半に活躍したシカゴの経済学者フランク・ナイト［1885〜1972年。米国の経済学者］は、人間は「欲求というよりも、向上心を持つ存在だ」と言いました。彼の教え子でありノーベル経済学賞受賞者でもあるジェームズ・ブキャナン［1919〜2013年。公共選択論で知られる米国の経済学者］は、本能のままの人間と比較して、理想の自分を形成しようとする人間を「自己形成する人間」と呼びました。人間の向上心については「人間は、なりたい自分になる自由を求める」と書きました。私たちは常に、理想の自分をめざす過程にあります。ですから、どんな理想を持ちたいか（どんな「欲求に関する欲求」を持ちたいか）について、よく考えてみましょう。

それでは、良心を持たない人は、どうしたら獲得できるのでしょうか。財布を自分のものにすることに罪悪感を持ちたいのに、実際は何も感じない。さて、どうすればいいのでしょう。

20世紀初めの作家、マックス・ビアボームの著作『The Happy Hypocrite（幸福な偽善者）』が、その答えを教えてくれます。本書では、道徳心を持たず、まさしく恥を知らない快楽主義者のジョージ・ヘルが、高潔で美しい女性ジェニー・ミアにすっかり夢中になってしまいます。ヘルは結婚を申し込みますが、ジェニーは聖人の顔を持つ男性しか愛せないと言って断ります。これではヘルに、まったくチャンスはなさそうです。そこで彼は、魔法の仮面職人に金を払い、本物の顔に見える、やさしげな聖人の仮面を作らせます。その仮面をつけて再びジェニーに求婚すると、彼女の心を奪うだけでなく、結婚の承諾も勝ち取ることができました。しかし、結婚の手続きをしに役所を訪ねる段になると、ヘルは自分の偽《いつわ》りに苦しめられます。嘘つきな詐欺師の自分を受け入れられなくなるのです。彼は自分に新しい名前をつけたいと感じて、結婚手続きの書類にジョージ・ヘブンと記名します。

今やヘブン（天国）となったヘル（地獄）は、愛の力で変わり、過去を悔やむようになりました。そして罪をつぐなうと誓い、不道徳な生き方をきっぱりと改めました。しかし結婚して1か月が経つころ、ヘルに捨てられた、かつての恋人ラ・ガンボギという女性が復讐をくわだてます。彼女は、ジョージが仮面をかぶっていることも、その仮面の裏にひそむ男の真の性格も知っています。そして、新妻の前でジョージ・ヘブンの仮面をはぎとり、本来のヘルの顔をさらけ出します。

ここまで読んだ読者には、この続きが想像できます。善良な妻は、ジョージ・ヘルの本当の顔を目《ま》の当たりにするでしょう。快楽のみを追い求め、道徳心を持たない男の顔です。聖人のようだったのは見せかけだけで、その中身は罪人。ジョージ・ヘルの偽善が暴かれるのです。妻は、ぞっとして逃げ出すでしょうし、ふたりの結婚は破綻するはずです。

ところが、ビアボームは読者を驚かせます。仮面がはがされると、ラ・ガンボギ、そしてジョージ本人と、その新妻も驚きます。仮面の下の顔は、それまで世間に見せていた仮面と同じ、聖人の顔だったのです。仮面の内側の男が、今では外側の男と一致していたのです。ヘルはヘブンになりました。もう仮面は必要ありません。ワックスでできていた魔法の仮面は、放り投げられ、太陽の熱で溶けます。

こうして物語は終わります。この話の教訓は何だと思いますか?

ジョージ・ヘルは、道徳的な意味でのヴァンパイアです。彼は非ヴァンパイア、ジョージ・ヘブンになりたいと願います。つまり、以前とは違う欲求を持ちたいと願ったのです。彼の願いは、どうしてかなったのでしょうか。答えは「実践の積み重ね」です。愛の力と、自分の行動を変えることによって、ヘルは外見を変える以上のことをしました。そしてついに、彼自身が変わったのです。

ヘルは最初、目的を達成するために仮面をつけます。偽善は、一般的には信条に反するものとして非難されます。しかしビアボームは物語の中で、これを美徳として用《もち》いています。最初は善人のふりをして、やがてそれが習慣として身につき、ヘルは自分自身を変えます。仮面をはずすのではなく、欠点を改めることで、偽善が偽善ではなくなるのです。そして、恥を知らない快楽主義者としての自分の信条に反した行動をとることで、善良な人間に変わります。花嫁をだましたのは事実ですが、そのために善人らしいおこないを実践し、やがて本当に善人になりました。仮面が太陽の熱に溶けたように、かつての彼自身も溶けていなくなり、偽善も消えました。善良なおこないをするとき、外側の自分と内側の自分が衝突することは、もうありません。

仮面はジョージに、狭い功利主義の自分に抵抗する力を与え、理想の自分に恥じない行動をとらせたのです。先のフランク・ナイトも「人が賢く善良であるかぎり、その〝性格〟

とは、主に実際より優れた人間であるふりをしつづけ、やがて虚勢が習慣となって獲得するものである」と書いています。

練習だけで完璧になれるとは限りませんが、正しく実践すれば、必ず良い結果につながるはずです。

ですからあなたも、理想の自分らしく行動する練習をしましょう。好みは変えることができます。以前は魅力的に思えた物事にも、心が動かされなくなります。逆に、以前は興味を持てなかったことが、忍耐強く試しつづければ、やがて楽しめるようになるかもしれません。善良さとは獲得できるものなのです。習慣は、まさにそのもの、何度も繰り返すことです。フランク・ナイトが述べているように、寛大で親切なおこないをすること、自己中心的にならないように心がけることを楽しめるようになれば、それは自然に習慣として身につくはずです。

この章の冒頭で落とし物の財布の質問を紹介したとき、三つのタイプの人がいると言いましたね。良心を持たない人、良心を持ち正しい行動をとることで喜びを得る人、そして3番めのタイプの人――今は良心を持たないけれど、持ちたいと願っている人。ジョージ・ヘブンの物語は、良心は努力によって身につくこと、そして良心を身につければ、自己利益のために正しい行動をとる人間へと変身できるということを教えてくれます。つまり、善良なおこないそのものが、喜びの源となるのです。

17世紀のフランスの作家、ラ・ロシュフコー［1613～1680年。フランスの貴族、モラリスト文学者］は、「川が海に流れ込んで消えるように、美徳は利己心に飲み込まれる」と書きました。哲学者で経済学者のダニエル・クライン［1962年生まれの米国の経済学者］は、ラ・ロシュフコーが言っているのは「美徳の実践を、利己心によるものに変える方法がある」という意味だと論じています。だからこそ、テオドラは正しいおこないを楽しみ、それを犠牲だとすら感じないのです。正しいおこないという意味では、ダイヤモンドのピアスを見つけて返したあの行動が、彼女にとっての初めての試みだったとは思えません。おそらく両親や彼女の選んだ友人たち、もしかしたら信仰を通して、誠実で思いやりのある行動をとる習慣を身につけたのでしょう。

第6章で、映画監督のペニー・レインが、まったくの他人のために片方の腎臓を提供した話をしました。彼女は、提供を受ける人の利益に比べたら、自分が払うコストなど、ごく小さいものだと思ったのです。

私はこの件について、彼女に話を聞かせてもらいました。彼女は、別にこれからの一生を自己満足にひたって良い気分になるのを楽しみにしていたわけではない、と語りました。ただ、それが正しい行動なのは自明の理だと思ったそうです。

さらに興味深かったのは、その経験によって自分が変わったと思うか、と私が尋ねたときの彼女の答えです。夜中に何度も泣いて起こしてくる赤ちゃんロボットを持ち歩くのが実際に親になるのとは違うように、腎臓を提供するのも、ただ検査や手術の苦痛を乗り越え、入院したときより腎臓が一つ少なくなって退院するだけの経験ではないだろうと私は想像しました。腎臓の提供は、レインの自己イメージをどう変えたのでしょうか。彼女の答えは、腎臓を提供する前に、あなたは寛大で気前が良くて利他的な人間かと尋ねられたらノーと答えただろうけれど、今は「そんな気がします」というものでした。彼女はさらに、こう付けくわえました。「自分は利他的な人間なのだと感じるようになると、実際に、それまでより寛大で気前のよい性格になります」。これを聞けば、マックス・ビアボームも誇りに思うことでしょう。

インターネットで繰り返し語られる話があります。アメリカ先住民の長老によって語られるのが典型的な設定なのですが、次に示すのはエリオット・ローゼン〔米国のソーシャルワーカー〕の著書『Experiencing the Soul（魂を経験する）』からの引用です。

あるアメリカ先住民の長老が、心の葛藤を次のように説明した。「私の中に2匹の犬がいる。1匹は意地悪で邪悪、もう1匹は善良。意地悪な犬は、善良な犬と常に喧嘩をしている」。どちらの犬が勝つのかと尋ねると、彼は少し考えてから答えた。「私がより多く餌《えさ》をやるほうだ」

人生の多くの側面、特に重要な側面では、人間の欲求は、経済学者が一般的に考えるようには固定されていません。欲求の多くは互いに矛盾しています。誰にでも、何かに身をまかせてしまいたいような衝動はありますが、その衝動を居心地悪く感じることもあります。衝動を抑えたいと願うこともあります。例えば食事、セックス、お金、あるいは中毒のように時間を費やしてしまうスマートフォンのアプリ。良い犬と悪い犬は常に戦っています。ならば、良い犬に餌をやりましょう。頻繁に餌を与えつづければ、悪い犬との戦いに勝てるようになります。

第10章

後悔という名の亡霊

未来の不確実性を攻略するメタ戦略

ワイルド・プロブレムが厄介な理由の一つは、未来が闇に隠れていて見えないことです。人間はコントロールできるもの、確実なものを強く求めるので、どうしても、情報をたくさん集めて闇を照らし、優れた戦略でワイルド・プロブレムに対処したくなります。しかしそれは無駄な悪あがきで、そのようなやり方で対処できると思うのは錯覚に過ぎません。それよりも、闇に慣れるほうが得策です。

——と言うのは簡単ですが、正直に認めましょう、私たちはコウモリではありません。暗闇は嫌いです。暗闇に慣れろ、と人間に言うのは、本能に逆らえと言うようなものです。私たち人間は、確実性を感じると嬉しくなり、不確実性に対しては不安になります。未来はわからない、と理性的に自分に言い聞かせたところで、気分はよくなりません。未来を恐れるなんて非合理的だと頭でいくら考えようと、胸のざわざわした感じが消えるわけではありません。頭というものは、心の訴えを制御するのが、ことさらに苦手なのです。

この章と次の章で、未来の不確実性とワイルド・プロブレムの難しさに対処するための、メタ戦略（戦略のための戦略）を一つずつ紹介します。この章で紹介するのは、意外な人選に感じるかもしれませんが、アメリカン・フットボールのプロチーム、ニューイングランド・ペイトリオッツの元ヘッドコーチ、ビル・ベリチックから学ぶものです。つまりそれが「ビルを見習おう《ビー・ライク・ビル》」です［「ビー・ライク・ビル」は英語圏で有名なネット上のスラング］。

ベリチックは、ヘッドコーチとして六つのスーパーボウル・リング［ＮＦＬ（ナショナルフットボールリーグ）の優勝決定戦、スーパーボウルで優勝したチームのメンバーに贈られるチャンピオンリング］を獲得しています。天才、黒幕、ＮＦＬのアインシュタインとして、広く知られる人物です。しかし皮肉なことに、「ビルを見習おう」とは、「自分がほとんど何も知らないということを受け入れよう」という意味なのです。

毎年のNFLドラフトで、プロチームは前シーズンに最下位だったチームから順に大学の選手を指名していきます。ほかのNFLチームと同じように、ベリチックとそのスタッフは何百時間もかけてドラフトの準備をします。何百人もの選手に関する大量のデータを集め、候補者のうちトップ数十人と個別に面接もします。何百時間分、ときには何千時間分もの候補選手の、大学チームでの試合映像を観ます。やはりほかのNFLチームと同じように、ペイトリオッツも、このような質的・量的情報の両方を使って候補者を評価し、順位をつけて、ドラフト当日に指名する選手を決めます。

この決定プロセスは非常に複雑なうえに、チームの将来がかかっているので、ペイトリオッツの会議室を撮影するときは、必ず背景のホワイトボードにぼかしが入ります。競合チームに決定プロセスをいっさい知られないようにするためです。

しかし、本当に興味深いのはここからです。ペイトリオッツは自分たちのやり方を、決して信頼性のある予想方法だとは思っていないのです。彼らは、現在の学生選手たちが将来も生き残るかどうかについての自分たちの知識が、あくまでおおざっぱなものであり、曖昧《あいまい》で不確実だと知っています。なぜそう言いきれるかといえば、ベリチックはドラフトの最初のほうのラウンドでの指名権を、あとのほうのラウンドでの複数回の指名権と交換したがるので有名だからです［NFLドラフトは通常、全チームが順番に選手を指名するのを1ラウンドとして、数日間にわたって複数ラウンドでおこなわれる］。彼は、質的情報よりも量的情報を重視しているようです。特定の選手ひとりを指名するために、複数の指名権を手放して指名の順番を繰り上げることは、めったにありません。どれほど多くの分析結果が「この選手はNFLで成功する」と指し示していようと、その選手が膨大な量の不確実性に取り巻かれていることを知っているのです。

だからベリチックは、一度の指名で完璧な理想の選手を手に入れようとはしません。その代わりに、できるだけ多くの選手を選ぼうとします。全チームに同じ回数の指名権が割り当てられるのだから、それは不可能なはずだ、と思うかもしれません。しかしペイトリオッツの場合、ビルがドラフトの最初のほうのラウンドの指名権をあとのほうのラウンドの複数回の指名権と進んで交換したがるために、実際にほかのチームよりも多くの選手を手に入れることが多いのです。こうして選ばれた大勢の選手たちがトレーニングキャンプに到着すれば、ベリチックはさらに多くの情報を入手できます。特に重宝するのが、映像や大学チームのコーチの話、NFLスカウティングコンバイン［NFLのドラフト候補選手の能力テスト」で集めた、スピード、俊敏さ、筋力、知能といった大量のテストデータからは引きだせない情報です。

プレシーズン期間〔秋からの本シーズン前の、夏におこなう練習試合期間〕を使って、ベリチックは選手のスキルの高さだけではなく、そのスキルがペイトリオッツのやり方に合うかどうかを見きわめます。選手の性格（これは遠くから観察するのは不可能です）が、チームのほかの選手たちと相性のいいものかどうか、ペイトリオッツのスタッフの期待と一致するものかどうかも確かめます。優れた選手は優れているし、そうでない選手はどうせだめだろう、と思う人もいるでしょう。しかし、ペイトリオッツはよく、ほかのチームではできなかったような形で、ひとりの選手からすばらしい結果を引きだします。逆に、ほかのチームでは成績が良かったのに、ペイトリオッツの運営方法では力を発揮できなかった選手たちもいます。

ベリチックは、自分のやり方で成功するのは、選んだ選手のほんの一部だとわかっています。しかし同時に、どの選手が将来成功するかを事前に知ることの難しさもわかっています。だから、ドラフト当日の決断にエネルギーを注ぐ代わりに、分母、つまり選ぶ選手の合計数を最大化するのです。ベリチックは自分の無知を受け入れています。ローマのガイドブックを持っていないと知っているのです。だから、学びながら進んでいきます。

チームに合わない選手は切り捨てられます。ベリチックは、選手たちのドラフトでの人気が高くても低くても、あまり気にしないようです。彼はまた、ドラフトが終わった後でもたくさんの選手と契約します。ドラフトで指名されなかった選手たちとの契約は、特に安価ですみます。そして過去20年近く、そのような選手が毎年ひとりはチーム入りしています。複数の選手が選ばれた年さえあります。

あなたはこのビル・ベリチックから、何を学べるでしょうか。

優秀なロング・スナッパー〔長距離をキック、パスするポジション〕の価値が過小評価されていること、米国海軍兵学校のラクロスの歴史、複数のポジションを担当できる選手が過小評価されていること（すべてビル・ベリチックが強くこだわっているテーマです）などについても教えてくれそうですが、それ以外としては、以下の四つの教訓をビルから学べます。どれもスポーツの枠組みを超える教訓です。

それでは、順番に見ていきましょう。

1 オプショナリティの力

オプショナリティとは、何かをする自由はあるが、義務はないという意味です。例えばザッポス。ザッポスは送料無料、返品手数料無料の靴のオンライン販売サイトです。送料や返品が無料なのは誰でも嬉しいものですが、正確には無料ではありません。その分、商品の価格が通常より少し高くなっているはずです。でも、それと引き換えに、オプショナリティが手に入ります。靴の実物を見て、家の中で履いて歩きまわってから気が変わってもいいのです。写真では履き心地が良さそうに見えるし、何千件ものポジティブなレビューがついていて、星5個のうち4・97の高評価かもしれません。しかし実際に履いてみるまでは、あなた自身にとって履き心地が良いかどうかはわかりません。手数料なしで（そして比較的簡単な手続きで）返品できる、これがオプショナリティです。購入する自由はあるけれど、義務はありません。

オプショナリティを手に入れれば、送料が無料だから気が変わってもほとんどコストがかからないというだけではありません。買いもののプロセスが根本的に変わります。もっと気軽にたくさん靴を買いましょう（ただしクレジットカードの使用限度を超えないように）。本当にその靴でいいのかどうかを悩む必要はありません。その靴を気に入ったほかの人たちが自分と同じタイプなのか（高評価をしているのは足幅の狭い人？）、そもそもザッポスのレビューは信頼できるのか、などの情報収集に、無駄な時間を使わないでください。

買いものを増やして、心配ごとを減らす。きっとベリチックはザッポスが好きだと思います。返品手数料なし、送料無料という方針は、彼のドラフト哲学と一致するからです。彼は、合わないと思った選手を長期間の契約なしでカットできるとわかっているから、事前にどの選手がベストかを確実に見きわめるよりも、できるだけ多くの選手をオーダーするのです。これでドラフトの季節も、悩まずにゆっくり眠れます。大数の法則［試行回数が増えると統計的な平均が期待値に近づくという法則］に似た彼の戦略がねらい通りの効果をもたらし、新人の数が多ければ、プレシーズン期間中にそのうちの何人かは有望な選手になると期待できるからです。

もちろん、ベリチックは（そしてドラフトの不確実性に直面するNFLのほかのあらゆる組織の幹部たちも）指名できたはずの選手を指名せず、その後の数年でスーパースターを取り逃したと気づくこともあります。おそらくそんなときは、ドラフトの時点で何を見ればその選手を見逃さずにすんだのか、ある程度は研究するでしょう。一方で、そのような選手の未来の活躍を事前に予測するのは不可能なこともわかっているはずです。ベリチックがドラフト分析の精度を向上させようと毎年努力しているのは確かです。しかしそのプロセスには、根本的な不確実性がともないます。だからドラフト分析を完璧なものにするより、必然的な不確実性に対処する戦略を探します。つまり、光の照らす範囲を広げるのではなく、暗闇に慣れるために、より多くの時間を投じているのです。

オプショナリティの基本にあるのは、何がうまくいくか事前に知るのは不可能、という事実を、正当に評価する考え方です。ベンチャーキャピタルの背景にある考え方と同じです。どんなに優秀な投資家でも、10回中7回は失敗します。10回に1回くらい、査定額が10億ドルを超える企業、いわゆるユニコーンを引き当てます。ではなぜ、事前にユニコーンを探し当てて、その企業だけに投資しないのでしょうか。不可能だからです。投資はワイルド・プロブレムです。だから投資家は大数の法則に頼るのです。投資した10社のうち、どの企業がホームランを打つかは、市場の判断にゆだねます。彼らにできるのはそこまでです。

この考え方を、人生にも取りいれてみましょう。できるだけ多くの経験をして、いろいろ試してみましょう。自分に向いていないと思ったら、やめればいいのです。でも、心に響きそうだと思うチャンスがあれば、積極的に試してみましょう。何が心に響くだろう、と考えて時間を無駄にする代わりに、途中でやめてもそれほどコストがかからないなら、たくさんのチャンスを試すために時間を使えばいいのです。事前に旅を計画するより、実際に旅に出て探索してみたほうが、ずっとうまくいくかもしれません。

ただし、オプショナリティの利点は、多くの人にとって諸刃《もろは》の剣《つるぎ》です。結局、最終的な決断がくだせず、より多くの情報を集めることに時間を費やしてしまうかもしれません。例えば、本当にこの人でいいのか確かめるためだと自分に言い聞かせながら、その人といつまでも交際を続けたりします。一方で、まだ出会っていない人の情報を集めたほうがいいと考えて、タイプの異なる大勢の相手と交際しようとする人もいるでしょう。そうすれば、自分自身や相手との関わり方について、より多くを学び、相思相愛になれる相手に出会う可能性を増やせると考えるのです。このようなオプショナリティの罠に、はまらないようにする簡単な方法はありません。しかし、知っておくと役立つかもしれない事実が一つあります。それは、なかなか決断がくだせないのは、多くの場合、情報が足りないからではない、ということです。私たちが決断を先延ばしにするのは、決断するのが好きではないからです。

2 ほかの人たちに好評だからといって、自分も気に入るとはかぎらない

幸福度アンケートの結果が、いつもあなたに当てはまるとは限りません。あなたの好みや情熱の対象、そしてここが一番重要ですが、時間の経過とともに変わる将来のあなたには、当てはまらないかもしれません。靴を実際に履いてみれば、その靴の履き心地に関する情報を読むよりも、ずっと多くのことがわかります。ほかのチームではなく、自分のチームと練習する選手の様子を見れば、貴重な情報が手に入ります。車は必ず試乗しましょう。すべてのワイルド・プロブレムが、一度決めたら取り返しがつかないヴァンパイア問題とは限りません。失うものを心配しすぎる必要はないのです。

3 サンク・コストはどうせ救えない《サンク》コスト

ベリチックは、読みがはずれても気にするような様子は見せません。ドラフトは科学で

はなく、サイコロを振るのと同じだと率直に認めています。まずは選手を試してみる。この靴は合わないと思えば、無理に履きつづけたりしない。せっかくの評判が傷つくなどと心配はしないのです。むしろその逆、合わなかった選手は手放します（ドラフトで選ばれた選手かどうかには関係ありません）。結果が予測通りにならない決断も、必ずあるとわかっているからです。しょせん人間なのですから。

このような状況で、私たちはよく、この仕事を引き受けたのは間違いだった、この相手と婚約したのは間違いだった、ロースクールに行ったのは間違いだった、などと言います。しかしこれはどれも「間違い」ではありません。間違いとは、自分はアンチョビが嫌いだとわかっているのに何度もピザのトッピングとして注文しつづけたり、不誠実だとわかっている人を信用したりすることです。

人生の選択の結果が期待したようにならなくても、それは間違いではありません。選択の結果が期待したようにならなかった、ただそれだけです。間違いと呼ぶべきではないのです。その決断をした自分を責めたりせず、受け入れましょう。ワイルド・プロブレムの結果がうまくいかないのは、間違いではなく、冒険のようなものです。冒険には予想外の展開や浮き沈みがつきものです。ベリチックは「途中で切り上げても大きなコストがかからない冒険なら、ぜひ行くべきだ」と教えてくれます。期待した展開と違うと思ったら、切り上げればいいのです。でも成功したときは、存分に楽しみましょう。事前にどの冒険が一番楽しいかを見きわめようと努力するより、そのほうが絶対にいいですよね。

4 GRITと継続の力は過大評価されている

もちろん、難しいとかあまり楽しくないという理由で、何でもすぐやめてしまうのは良くありません。時間をかけて学ばなければ、楽しさがわからないものもあります。しかし、中にはどれだけ時間をかけても、楽しめないものだってあるのです。もしロースクールが好きになれず、弁護士の仕事もいやでたまらないなら、違う分野の法律を学んでみるといいでしょう。それでもうまくいかなくてキャリアを変えるとしても、それは決して恥ずかしいことではありません。ただ、法曹界がいやになって別の業界に移るとしても、あれは間違いだったとは言わないでください。決断したときは情報が明らかに不足していたのだから、間違いとは呼べないのです。こんな人生のはずじゃなかった、あるいはこんな人間になるつもりじゃなかった、と思ったら、道を変えればいいのです。

もうヴァンパイアでいたくないと思ったら、マントを脱いで太陽の光を浴びましょう。失ったものはあとに残して、前に進みましょう。人生は短いのですから、自分には向いていないとわかったものに、意味もなくいつまでもしがみついている時間はありません。今を存分に生きて、変わって、ビルを見習いましょう。

オプショナリティの利点は、できるだけ活用しましょう。わかりやすいオプショナリティの例をあげます。結婚する前に交際してみる。入社するまえにインターンシップをする。正社員として長期的な雇用契約を結ぶ前に、インターンとして雇う。引っ越す前にその場所を訪ねてみる。読み始めた本を、すべて読み終える必要はない。

人生の決断のほとんどは、文字通りのヴァンパイア問題ではないのですから、一度選択したら二度と元には戻れないとか、返品できない場合ばかりではありません。イスラエルに引っ越してみて気に入らなかったら、ほかの場所に引っ越せばいいのです。結婚がうまくいかなければ、離婚することもできます。ただし、結婚に限っては、GRIT［Guts(度胸)、Resilience(回復力)、Initiative(自発性)、Tenacity(粘り強さ) の頭文字をとったもの］と継続の力が、逆に過小評価されている一例かもしれないと私は思います。なので、これ以上はどう頑張っても無理だと納得するまで、関係改善に向かって努力すべきでしょう。自分は結婚しなかったから、配偶者とのあいだに生まれるような人間どうしのつながりがなくてさびしい、と思うなら、ほかの種類の絆や友情を見つければいいのです。ロースクールに入学してから、やっぱり弁護士にはなりたくない、と気づく人はたくさんいます。GRITと継続は大事だと教えられたから、それでも続ける人もたくさんいます。でも実は、キャリアを変更する自由は誰にでもあるのです。しばらく弁護士として働いたあとだって、転職は可能です。

ワイルド・プロブレムがここまで難しくなる原因の大部分は、後悔という名の亡霊です。誰かと結婚するのをやめて、あとでそれを後悔する。あるいは逆に誰かと結婚したけれど、結婚生活がうまくいかなくて後悔する。ロースクールに入学してから法律が嫌いだと気づいて後悔する。そんなふうに、後悔するのを怖がると、何も決断できなくなってしまいます。そんなときは往々にして、もう少し情報を集める時間が必要だ、今ある情報を無視するのは良くない、と自分に言い聞かせるのですが、それはただ、決断を先延ばしにしているだけなのです。

第8章でご紹介したラビ・ジョナサン・サックスは「結婚を理解する唯一の方法は結婚すること、仕事が自分に向いているかどうか知る唯一の方法は、実際に長期間それをやってみることだ。決断する直前でぐずぐずして、すべての情報がそろうまで決めかねている人は、やがて人生が横を通り過ぎていってしまったことに気づくだろう。人生を理解する唯一の方法は、リスクを恐れず実際に生きてみることだ」と言っています。もちろん、すべての情報がそろうことなど永遠にありません。

人生が横を通り過ぎていってしまうのはいやだと思うなら、「間違い」を恐れてはいけません。最善を尽くしたのなら、それは間違いではないのです。だから「正しい」選択の探索に時間を費やすのはやめて、それよりも選択肢を増やす方法や、決断の結果がうまくいかなかったときの、失望の対処方法について考えましょう。ビル・ベリチックはNFLドラフトの前夜も、ぐっすり眠っていると私は思います。あなたもよく眠れるようになるはずです。

第11章

あきらめの効用

ときには芸術家のように生きてみよう

ウィリアム・フォークナー［1897〜1962年。米国の作家］はあるとき、小説の書き方について次のように説明しました。「まず、頭の中で登場人物を作りあげる。ひとたび頭の中に登場人物が生まれ、その人物の設定が適切でリアルならば、書き手の代わりに仕事をしてくれる。書き手は登場人物の隣を伴走しながら、その言葉や行動を書き留めていけばいいだけだ」と。ほかの作家と違って、フォークナーは、物語を書きはじめる時点では、どのような展開になるか自分でもわからないと言っています。登場人物を作りだして、ある状況に放り込めば、勝手に生命を持って動きだすのだそうです。天才と言えば、完璧な計画にもとづいてビジョンを実現するというイメージがありますが、フォークナーのこのような有機的な執筆プロセスは、それをくつがえすものです。ビジョンは事前に準備するのではなく、作業を進めるにつれて現れるのです。

世の中には、最初からキャリアや人生が用意されている幸運な（あるいは不幸な）人びともいます。自分が何をしたいか最初からわかっている、あるいは少なくともわかっていると考えている人びとです。例えば、ある人は医者になりたいとします。大学では医学部に進み、必死に勉強して良い成績を取り、名門メディカルスクールに合格し、まずまずの研修医のポジションを確保して、一生を医師として過ごします。このように、一つの目標に集中する人生には、多くの利点があります。財政的な意味でも精神的な意味でも、大きな報酬をともなうキャリアと言えるでしょう。

しかし、多くの人にとってキャリアや人生は事前に決まっているものではなく、自分が本当は何をしたいのかもはっきりしません。ローマに到着してから、自分が何をしたら最も楽しめるのか、ほとんど知らないと気づくわけです。何が欲しいのか、何を楽しめるのか、何が人生に意味を与えるのかは、いくつもの選択を経るうちに、次第にわかってくるものなのです。選択と並行してわかることもあるし、選択の結果としての人生から学ぶこともあります。また、人生の中で学ぶにつれて、行動も少しずつ変わっていきます。快適なアームチェアに座って勉強したり、本で調べものをしたり、専門家に相談するのではなく、現実の経験を通して、本当に求めるものを見つけるのです。そのような実際の体験をするまで、そして何かしらのアイデンティティを身につける実際の感覚を知るまでは、いわゆる人生のゴールは見つかりません。

医者になりたいと最初からわかっていて、計画通りの展開にするために必要な段階をすべて踏む人のように、人生の物語を作りあげようとする人もいるでしょう。しかし、多くの人にとって、物語の展開は自分の手ではコントロールできないものです。思いがけない方向に展開したり、ある登場人物が途中で消えて、予想外の新しい登場人物が現れたりします。筋書きは勝手に変わっていくのです。

そして、芸術家のように生きるのは、ワイルド・プロブレムの一つの対処法なのです。ヴィラネル〔19行2韻詩〕というフランスの詩の形式があります。3行を1節として5節、最後に4行詩が続き、1節目の1行目と3行目が残りの節で交互に繰り返されます。このヴィネラルの史上最高峰として知られているのが、エリザベス・ビショップ［1911〜1979年。米国の詩人］の詩「One Art（ひとつの術）」［『アメリカ名詩選』（岩波書店）ほかに収録］です。詩人のシャロン・ブライアン［1943年生まれの米国の詩人］は、この詩を「形式と内容の完璧な融合」と呼び、もしこのヴィラネルが運動選手だとしたら背番号を永遠欠番にすべきだ、なぜなら、ビショップのこの偉業を超えるのは誰にも不可能だろうから、とまで言っています。

それでも、ビショップがこの完璧さに到達するまでには、17回（!）もの改稿が必要だったそうです。この詩は、そうした創造の過程から生まれたのです。Bethというシンプルなアカウント名でブログ「Bluedragonfly10」を書いている作家は、詩のほうがビショップに対してどう構成して欲しいか要求したのだと論じています。そう感じる理由は、2稿めで、すでに出だしの「失う術を身につけるのは難しくない」というフレーズが現れ、それが何度も繰り返されて、ヴィラネルの形式になりそうな気配を見せているからだそうです。

この詩が生まれてすぐヴィラネルの形をとったと知ると、やはり詩というものには自然と引き寄せる形式があるのだと思えてならない。この詩はヴィラネルになりたかったのだ。どんな詩にも、なりたい形となりたくない形がある。つまり人間とまったく同じように、詩にはそれ自身の生命、心、声、好き嫌いがある。これはすべての芸術に言えることだ。芸術はあらゆる形態の可能性の中で、自分の好きな姿で創造されたいと望むのだ。

詩が何かを「望む」とか、それ自身の生命を持つとは、いったいどういう意味なのでしょう。詩人は何でも、自分の好きなものを書けるはずではないでしょうか。もちろん書けます。しかしある時点で、詩は生きものになるのです。ある種の変更は途中で不可能になり、変えたいなら最初からやり直さなければならなくなるのです。一方で、神秘的な偶然で目の前にあらわれ、正しいと感じられ、そのまま詩の一部になる変更もあります。

人生の物語を、同じように考えてみるのはどうでしょうか。つまり、結果を完全にコントロールはできないし、ときにはまったくコントロール不可能だと理解した上で、人生を創造するのです。完全にはコントロールできないと聞くと、カーブの先に何が待ち受けているかわからない、過激な遊園地のアトラクションのような暴走状態を想像しがちです。しかし、自分がすべてを支配することはできないと気づくのは、まったく手に負えないとか、いっさい計画が立てられないという意味ではありません。経験しながら学び、学んだ情報に合わせて、計画や旅を調整できると信じるという意味です。ガイドブックなしのローマの1週間と同じです。凍りついた道路の上でタイヤが横すべりしてしまうときにも似ています。反射的に車のコントロールを取り戻そうとしてハンドルを操作し、何とか自分の行きたい方向に行こうとしたり、つい急ブレーキをかけたりしてしまいますが、そのような操作は、おそらく状況をさらに悪化させます。それよりも、いったんアクセルペダルから足を離して、タイヤが自然に安定するのを待ったほうがいいでしょう。

芸術家のような生き方とは、世界について、そして自分自身に関しても、常に新しい発見を受け入れる、オープンな心を持つ生き方です。教育者のローン・ブックマン［米国カリフォルニア州アート・センター・カレッジ・オブ・デザインの名誉会長］は著書の『Make to Know（知るために創る）』の中で、詩人、彫刻家、小説家、作曲家は、自分が何を創造しようとしているのかを、創造する過程で知ると述べています。アルゴリズムからスタートするのではないのです。ただし、ミケランジェロ［1475〜1564年。イタリアのルネサンス期の彫刻家、画家、建築家。「ダビデ像」が有名］の「大理石の塊から、ダビデではない部分を削り落とした」方法、あるいは、ベートーヴェン［1770〜1827年。ドイツの作曲家、ピアニスト］

の「一つ前の音の次に属する、正しい音を選ぶ」作曲法を、アルゴリズムと見なすのなら話は別ですが。

芸術家には、自分が何を創造しようとしているか、まったくわからないことがよくあるのです。だからこそ作品を作って、自分の設計図を知ろうとします。ブックマンはピカソ［1881〜1973年。スペイン生まれ、フランスで活動した画家］の次の言葉を引用しています。「自分が何を描こうとしているのか知るためには、描き始めなければならない」。ヴィネラルの詩人エリザベス・ビショップも、自分が何を伝えたかったのかを、それを伝える過程で発見しました。人生も同じです。

芸術家のような生き方には、オプショナリティにもつながる実用的な側面があります。私が今まで周囲から受け取った中で、最も役立つアドバイスは、ノーと言うことの重要性です。気をつけていないと、人生は約束ごとで手一杯になり、ささいなことに時間を取られて本当に大事な目的が果たせなくなってしまいます。常に気が散って、人生の設計図を知る余裕も持てません。

しかし実は、これは最悪のアドバイスでもあります。いつもノーばかり言っていたら、知り合えてよかったと思える相手と出会うチャンスや、何か特別なもの、さらには貴重なものを発見するチャンスを逃してしまうかもしれません。人生にときどき起こる、神秘的な偶然が減ってしまいます。なので、オプショナリティを最大限に活用したいなら、「試す価値があるかどうかはわからないけれど、視界が広がるかもしれない、人生経験が豊かになるかもしれない、貴重な出会いがあるかもしれない」と思うチャンスには、あえてイエスと言うべきです。そうすれば、その経験そのものだけではなく、自分自身についても学べます。自分が何を楽しいと思うのか、何を有意義と感じるのかが理解できるのです。

もしかしたら、これは普通の考え方とは少し違うのかもしれません。普通は医者になりたければ計画が必要だし、現状から目標に到達するには何をすべきなのかを知る必要もあります。ですから、計画を立てること自体は問題ないし、むしろ立てるべきです。難しいのは、物事が計画通りに進まなかったとき、あるいは自分はその計画に向いていないと気づいたとき、あきらめるべきタイミングを知ることなのです。これも一つの技ですね。「夢を絶対にあきらめるな！」「もっと粘り強く頑張れ！」と言う人もいるでしょう。しかし、実際には非現実的な夢もあります。途中で悪夢に変わってしまう夢もあります。その場合は、いさぎよく立ち去るべきです。

ポーカーなら、降りるべき手とキープすべき手の見分け方を数式で表せるかもしれませんが、人生はそういうわけにいきません。それよりもまず、自分が何者なのかを学ぶべきなのです。自分の強さや限界を知って、そのつど最善を尽くして決断をくだすしかありません。この場合に限っては、「何があっても粘る」あるいは「つらいと思ったらすぐやめる」といったルールを単純に設定してしまうと、逆に方向を見失ってしまいます。粘りどき、やめどきを知るのは、人生においてぜひ身につけるべき技術だからです。

私が過去にした仕事の中で特に誇りに思っているものの多くは、最初は「自分には合わないかもしれない」とか「本来の計画とは違う」と思ったけれど、それでもイエスと答えたことで実現しました。経済学の博士号を取得したときは、まさか自分がポッドキャスターになるとは思っていませんでした。そもそもインターネット自体が存在しなかったのです。映画製作者のジョン・パポラ［米国の映画監督］から突然メールが来て、私のポッドキャストを気に入ったから、あるプロジェクトに協力してほしいと言われたときも、おそらく何かの映像を作るのだろうとは思いました。しかし私も彼も、ラップミュージックの動画を2本も作ることになるとは想像していませんでした［経済学の巨匠ケインズとハイエクが、それぞれの主張をラップで戦わせるユーチューブ動画で、これまで1200万回以上、再生されている］。

私にとっていつまでも忘れられない印象的な会話の多くも、自分が物語の主役になろうとせずに、あくまでも聞き手に徹していたときに交わしたものでした。その会話で何かを達成しようとするような、特別な計画はありませんでした。私はただ、ある人が心を開いて、人生に起こった重大な出来事について語る場所に偶然、居合わせたに過ぎません。こういう偶然は、しょっちゅうあるものではありませんが、自分の意見を持たず、ただ誰かのためにその場にいるというスキルは、とてもパワフルで貴重なものです。

ですから誰かと会話を始めるときは、「何の得になるのか」というような取引計画的な考え方をせず、自分を物語の主人公と見なすのもやめて、芸術家のように会話にのぞみましょう。特定のゴールは設定しません。会話の行き先は事前に決めず、自然な流れにまかせましょう。予想外の方向に進んで相手との関係が深まったり、啓示を受けたり、何かを新しく学べるというのが、最高の会話です。芸術作品と同じように、会話にも生命が宿ります。コントロールを手放せば、代わりに心が開くのです。

くり返しますが、「芸術家のように生きよう」とは、いっさい計画を立てるなとか、何か夢中になれるものが降ってくるのを、ぼんやりと待てばいいという意味ではありません。それ自体に生命が宿って変化するような経験を大切にしようという意味です。

人生は、完璧なガイドブックで旅の予定を作るようには計画できません。それくらい誰でもわかっています。もしそんなふうにとらえるとしたら、人生は、電車が時間通りに来なかったり、ときにはまったく来なかったりする王国のようなものです。乗り込んだ電車は停車予定のない駅に停まり、しょっちゅう脱線し、どれほど制御しようと努力しても関係なく、好き勝手な場所に走っていきます。

しかし私はここで「予想外な展開になっても驚かないように」などと言いたいのではありません。もちろん、愛する人を亡くしたり、当てにしていた仕事が手に入らなかったり、プロポーズを断られるといった出来事が人生には起こります。逆に、単なる知り合いが、かけがえのない友人になったり、思いがけない幸運が転がり込んだりすることもあります。人生が驚きに満ちている、というのは、これまた誰でも知っている事実です。私が伝えたいのは、このような驚き、失敗、思いがけない贈りもの、幸運といった予想外の展開に直面したときの「対応の仕方」なのです。

では、芸術家の生き方を理解するために、今度は、文章を書く行為について考えてみましょう。文章を一つずつ丁寧に作り上げるのは、理論的には可能です。最適な言葉を注意深く見つけて次々と美しい文章を紡《つむ》ぎあげる者こそ、最高の作家だとも言えます。私も以前は、例えばフローベール［ギュスターヴ・フローベール、１８２１〜１８８０年。フランスの小説家」は、そのような書き方をしていると思っていました。彼の最初の下書きが、最終稿でもあるに違いないと思っていたのです。でも実際は違いました。フローベールは推敲魔だったそうで、完全に満足するまで、何度でも原稿を書き直したそうです。

ＳＦ作家のオースン・スコット・カード［１９５１年生まれの米国の作家］は、文芸創作の授業において、まず学生どうしで原稿を評価させます。そして、成績をつけるときは最終稿ではなく、ほかの学生に与えたフィードバックの質を見て成績をつけるそうです。良い作家になるには良い編集者になる必要がある、推敲は良い文章を書くために必須のスキルだと考えるからです。人生も同じです。下書きの原稿は、あまり心配しなくて大丈夫。気に入っているけれど不要な部分をあえて切り捨てる勇気を持ち、オプショナリティをしっかり活用できれば、きっと成功します。

芸術家のような生き方を活用する方法として最後に提案したいのは、自分を芸術品だと考えることです。第９章で紹介した経済学者のジェームズ・ブキャナンの言う「自己形成する人間」です。自分を、自分の手で形成する作品だと考えるのです。想像してみてください。あなたは芸術家で、あなたとその人生は芸術作品。どんなイメージが浮かびますか？あなたはまだ形が定まらない粘土。これから彫刻される大理石。つまり、あなたも、あなたの人生も、今まさに創造中の「作品」なのです。

人生は、読みながら同時に書いている本のようなものです。これからどういう展開にするのか、だいたいの計画はあるかもしれません。しかし、本当にその本をすばらしい作品にしたいのなら、書き進めながらしっかり味わい、噛みしめ、消化しなければなりません。誰にでも人生を変えた一冊があると思いますが、それと同じように味わうのです。足もとをすくわれるような驚きの展開の一つや二つ、いや三つくらいは覚悟しておきましょう。

物語や詩、そして人生も、計画通りの結末にするのは可能だと思う人もいるかもしれません。実際に計画を立てて、きちんと実行できる人もいるでしょう。しかし、本書の前半で伝えたように、10代や20代で思い描く人生の物語は、さらに年齢を重ねたあとに考える最高の物語とは、違うストーリーかもしれないのです。だからこそ、物語自身の変化に、身をまかせなければならないのです。

このようなものの見方をするには、年齢や経験を重ねて初めて身につく種類の自己認識が必要です。また、前述したような向上心も必要です。たとえ正確な形や輪郭はまだわからなくても、少なくとも理想の自分の姿をめざそうという向上心です。シンプルに「もっと良い人間になる」「今年は去年よりも良い人間になる」としてもいいでしょう。

芸術家は、特定のスキルを持って生まれます。人間は誰でもそうです。そのスキルをどう使うべきかを、考えてみましょう。スキルから何を作り出すべきか。そのスキルを磨いて、人生からさらにすばらしい芸術を作り出すには？　生まれ落ちた土壌をたがやして、与えられた人生を何か美しいもの、芸術作品へと変貌させるには、どうすればいいのでしょう。

映画『バベットの晩餐会』［1987年に公開されたデンマークの映画］は、一見そうは見えないが実は芸術家だった、という人物の話です。ストーリーは、こうです。すたれつつある小さな宗教コミュニティに、父親の教えを守ろうと苦労しながら暮らす独身の姉妹がいます。この姉妹の家で働く家政婦が、その芸術家です。名前はバベット。思いがけなく大きな収入を手にしたバベットは、雇用主の姉妹とそのささやかな信徒集団に、忘れられない夜を贈ろうと決心します。それはまるで芸術作品のような、至高の晩餐です。登場人物のひとりが、バベットの作った食事を口にして言います――「芸術家の心の叫びが世界中に響き渡る。私に、最高の作品を作らせてほしいと」。人生について、そして自分の心の叫びについて、この物語を参考に考えてみるのも悪くないと思います。誰にでもスキルはあります。生まれ持ったものもあれば、努力で身につけるものもあります。与えられたその贈りものと貴重な時間を使って最善を尽くし、最高の作品を作りましょう。

なお、最善を尽くすというのは、ゴールに向かって全速力で走ることではありません。しかし、この勘違いを避けるのは、なかなか難しいものです。ウクライナのベルディチェフで活動したラビ・レビ・イツハク［1740〜1809年。ウクライナのユダヤ教の指導者］にまつわる、こんな言い伝えがあります。一心不乱に走っている男にラビが近づき、そんなに急いでどこに行くつもりか、と尋ねます。「生計を立てる方法を探しているのです！」と男は答えます。ラビは言います。「もしかしたら、探しているものは、おまえの後ろにあるかもしれない。むしろ遠ざかっているのかもしれないぞ」

ローマの旅を計画するための優れたガイドブックは、実際には数多く存在します。きめこまかい旅程を作り、事前に面白そうだと判断したものを、もれなく観光できるように、最初から最後まで完璧な計画を立てることもできます。でも、少し違うタイプの旅人もいるのです。旅先で何が起こるか、自分が何に心を奪われるかを知るための時間を残しておく旅人です。街頭には、プッチーニの「誰も寝てはならぬ」を情感たっぷりに歌いあげているテナー歌手がいます。バチカンに、予定より長く滞在する旅人もいます。彼らは、ローマ市内を流れるテヴェレ川にかかる橋の上にいつまでもたたずみ、この場所に人類が立ちつづけてきた歴史に思いを馳せます。

充実した人生の中には、このような、さまざまなアプローチが入り混じっているのです。当然だと思うかもしれませんが、どういうわけか、旅を完璧に計画するタイプの人は「合理的」で、何もしない時間を作る旅人や、街を散策するだけの人は「計画性のない人」と、一般的には決めつけられがちです。ときには、計画がないからこそ、めざすべき方向を発見できるのに。

そしてときには、ただ座って、次に何が起こるかを見守るべき場合もあります。ただ待つのが最善の策という状況もあるのです。しかし怠惰に待つのではありません。注意深く、しっかり状況を観察しながら待つのです。こんなときは何もせず、ただ次に起こることのために準備を整えます。心静かに落ちついていれば、実際にそれが起こったときに、すぐ気づくことができるでしょう。

第12章

科学と非科学のあいだに

人生という「ガイドブックのない旅」の歩き方

もしあなたがワシントンＤＣに住んでいて、シカゴまで車で、できるだけ早く行きたいと思ったら、道順を知る必要があります。太陽や星の位置を参考に北西を目指すだけでは難しいでしょうから。昔は地図を使って調べました。今はカーナビや、スマートフォン向けの道案内アプリやグーグルマップを使えば目的地にたどりつけます。

こうしたナビゲーションプログラムの基本機能は、目的地までの経路の順次案内です。

ナビゲーションなしでは直観だけで適当に進むことになり、結局どこにもたどり着けません。これらのアプリがうまく機能するのは、データに支えられているからです。道路に関するデータだけではなく、交通量のデータも重要です。アプリによってはルートごとの渋滞状況を教えてくれるので、ユーザーは目的地に一番早く到着する方法を選べます。

3×3のルービックキューブの組み合わせの種類は全部で4300京あります。43のあとにゼロが18個。適当に回しつづければいつか全色そろうとは、とても思えません。計画、つまりアルゴリズム（専門的な響きですが、要は、理論的に特定の結果を出す一連のアクションや手順のこと）が必要です。

こうした道案内アプリやルービックキューブは、いかにも人生のメタファーになりそうです。「ゴールに到達したいなら、今いる場所からそこに着くまでの計画が必要だ」「そしてアルゴリズム、つまり、入手可能なかぎり最高のデータと情報に基づいた計画が必要だ」「データが優れていれば優れているほど、より優れた成果を達成できる」などと言いたくなります。

しかしこの考え方が有効なのは、テイム・プロブレムの場合のみです。ワイルド・プロブレムには、違うアプローチが必要です。最適なルートを探す以前に、まずは、どこに行くかを決めなければなりません。そこで、人生を「将来の幸福度や満足度を最大化するための決断ポイントの連続」として考える代わりに、一つの旅として見ることを、本書では提案してきました。

人生には旅の友が必要でしょうか。恋人、友人、仲間。では誰を誘うべきでしょうか。旅の途中で出会う人びとを、どのように扱うべきでしょうか。自分が一番幸せになる方法ばかり考えるのではなく、まわりの人びとと共通のビジョンをめざして旅の計画を立てるとしたら、旅の経験はどう変わるでしょうか。どのような信条を持ち、それを旅にどう取りいれるべきでしょうか。どうしたら旅の計画の中に、セレンディピティ［偶然がもたらす幸運］や予期せぬこと、そして、予期せぬことを不可避の現実として受け入れる余地を確保できるのでしょうか。あなたには、人生の道筋が自然に現れ、展開していくのに身をまかせる勇気は持てるでしょうか。同じように、自分自身、自分の本質、生き方、愛し方、そのすべてを、機械ではなく、それ自体が生命を持つ有機的なものとして、自然の流れに身をまかせる勇気は持てるでしょうか。

どの質問にも答えはありません。どれも、解決すべき問題ではなく、実際に経験し、味わい、楽しむべきミステリーなのです。天と地のあいだには、哲学など思いもよらぬことがある［舞台劇『ハムレット』のセリフ］と言いますが、未来の人生にもまた、決して事前には予想できない謎が満ちているのです。人生の道順は地図アプリも教えてくれません。私たちはただ、自分自身を芸術作品のように創造しつづけるのみです。

人は本能的に「私に何の得があるのか」「私にとって楽しいだろうか、面白いだろうか」と考えがちです。人生の多くの局面では、それも悪くない出発点でしょう。しかしワイルド・プロブレムに直面したときは、「充実した人生」を探し求めるべきです。その結果、「私に何の得があるのか」などと事前に計画や予測はできないような、もっと大事な何かが手に入るかもしれません。「幸せ」は、少なくとも「楽しくて気分が良くなるもの」という意味においては、過大評価されています。たった1文字の数字に置き換えて、アンケートに1から5で答えられるようなものでもありません。人間は、あるいは政策立案者も、そういう意味での「幸せ」を目指すべきではないのです。生きる意味、目的、愛、繁栄、与えられた才能を最大限に発揮すること。そういうものこそが、私たちの胸を喜びで満たし、より高みへと押しあげてくれるのです。

人生には科学的な知識や手法では到達できない領域がある、と私が主張すると、非合理的だとか非科学的だと批判されることがあります。しかし、科学が属する領域には科学を用い、そうでない領域には使わない、というのは、まさに優れた科学の本質なのです。科学の限界とその領域を認めるのは良識であり、健全な謙虚さを示す態度でもあります。世界には、人知の及ばない物事が存在します。永遠に知りえない物事さえあるでしょう。しかし、私たちが人生の中で経験する最高の物事の多くは、それを知っているかどうかには関係がありません。最高の質問とは、答えのない質問なのです。

「カルビンとホッブス」［1985～1995年に米国の新聞に連載された漫画。邦訳は集英社など］の最終回で、作者のビル・ワターソン［1958年生まれの米国の漫画家］は、6歳の男の子カルビンが、ぬいぐるみのトラ、ホッブスといっしょに、純白の新雪に覆われた丘を元気いっぱいにソリで滑りだす場面を描きました。カルビンはホッブスに「可能性でいっぱいの一日が始まるね」と話しかけます。それからこう言います。「世界は魔法で満ちているよ、ホッブス。僕の大切な友だち。さあ、冒険しよう！」

冒険は世界に魔法をかけます。私は、人生経験を重ねるにつれて、経済学者というよりも「カルビン学者」になりました。いつでも冒険しようと心がけることで、自分はまだ成長過程にいるのだと実感できます。どこを目指すのか、そこにたどり着いたときどういう人間になっていたいのか、みなさんもぜひ、ゆっくり考えてください。最後に、私からの旅の助言を、詩の形でまとめました。題名は「旅のアドバイス」とでもしておきましょう。

確実さを求める衝動に注意。
絶対的なこと。
確かなこと。
やぶの中の鳥より、手の中にある鳥。

一度や二度は、持ち金を全部賭けてみよう。
思いきってチャンスに賭けて
恋《ロマンス》に挑もう。彼女を誘おう。または彼を《ヒム》。
不安でもいい。
遠い枝《リム》に飛び乗ろう。

安全な街灯《ストリートライト》の下から一歩、踏みだそう。
暖かい焚き火《キャンプファイア》から一歩、離れよう。

夜《ナイト》の暗さを楽しもう。
ヴァンパイアにならなくてもいいから。

旅の友を見つけよう。
友だち《フレンズ》を作ろう、ケンカのあとは仲直り《アメンズ》しよう。
主役になりたい？　群像劇の役者《キャスト》のひとりになってごらん。
遠くまで行こう、ゆっくりでいい《ノット・ファスト》から。

背伸びしよう。手を伸ばそう《リーチ》。
時には一番上の枝の果実《ピーチ》を狙おう。
走らなくていい。歩いていこう。
ときには立ち止まって、まわりをよく見てごらん《ウォッチ》。
スモーキーなスコッチを試そう。
おいしくない《ノット・ナイス》？　では2回《トゥワイス》試してみて。
または3回《スライス》でもオーケー。

信条のためには、代償《プライス》を無視しよう。
委縮する《カワー》のではなく、
花《フラワー》を開かせて、
繁栄しよう《フローリッシュ》。
そして育てよう《ノーリッシュ》、
内なる炎《ファイア》を。
さあ、理想を持とう《アスパイア》。高みをめざそう。
もっと良いのは――さらなる高みをめざすこと。

みなさんが充実した人生を送られることを願っています。プールで泳いでいるときも、プールから離れて過ごすときも、ご自身とそのまわりの人びとにとって、有意義な行動をとられますように。良い旅を！

謝辞

本の執筆は、ローマへの旅によく似ています。幸運にも、私には冒険に同行してくれる特別な仲間が大勢いました。ポートフォリオ社（ペンギン・ブックス）の編集者、ブリア・サンドフォードには、楽観的な姿勢、洞察力、そしてこの本を、私ひとりでは実現できないような、すばらしいものに仕上げてくれた尽力に感謝します。彼女との対話および具体的な改善提案は、本書の内容に大きな影響を与えました。エージェントのレイフ・サガリンにも感謝します。彼は毎度のことながら、この本のテーマに私が常にフォーカスできるよう手助けしてくれました。モーリーン・クラークは、マイク・ブラウンとケイティ・ミラーの強力なサポートを得て、見事な校閲の仕事をしてくれました。彼らとランディ・マルローが私の文章の癖を見つけて修正してくれたおかげで、本書は、より魅力的な読みものになりました。

ジョナサン・バロン、ドン・ブードロー、アグネス・カラード、ベン・カスノーカ、タイラー・コーエン、ユヴァル・ドレヴ、アンジェラ・ダックワース、キャロリン・デューデ、フィービー・エルズワース、シャロム・フリードマン、ジュリア・ガレフ、リサ・ハリス、アヴィ・ホフマン、レベッカ・イリフ、ダン・クライン、アーノルド・クリング、モシェ・コッペル、バーバラ・カプファー、ローレン・ランズバーグ、ペニー・レイン、リチャード・マホーニー、ロバート・マクドナルド、マイケル・マンガー、エミリー・オスター、ニキ・パパドポウロス、アズラ・ラザ、アリエ・ロバーツ、エズラ・ロバーツ、ジョー・ロバーツ、シャーリー・ロバーツ、ヤエル・ロバーツ、ゼヴ・ロバーツ、ベヴィス・ショーク、ハイム・シャフナー、スペンサー・スミス、ロブ・ウィブリン、ショーン・ウッドには、精神的な支え、貴重な意見、ワイルド・プロブレムに関する会話、原稿へのさまざまな反応に対して感謝します。

A・J・ジェイコブスは、早い段階で本書の進むべき方向を私に示し、多くの有益な提案をしてくれました。ゲイリー・ベルスキーはいつものように、このプロジェクト全体を通して優れた助言と重要な洞察を絶え間なく提供してくれました。意思決定関連の文献に関する彼の知識には非常に助けられ、彼がプロジェクトの成功を信じてくれたからこそ、私は困難な時期を乗り越えることができました。イスラエルのシャレム・カレッジで出会った仕事仲間、レオン・カスとダン・ポリサーは、本書の執筆が最大級のワイルド・プロブレムと化した際に、方向性を見つける手助けをしてくれました。レオンには「繁栄」の真の意味を思い出させられました。ダンには数多くの有意義な編集と、重要な局面での原稿構成の調整の手助けに心から感謝します。ゼヴ・ロバーツとの会話は、本書の締めの構造に関する「ひらめき」を与えてくれました。

ダニエル・ギルバートには、当時未発表の原稿『Three Views of Water: Some Reflections on a Lecture by Daniel Kahneman（水の三つの見え方：ダニエル・カーネマンによる講義の考察）』を読ませてくれたこと、また「豚と哲学者」をめぐる、メールでの丁々発止のやりとりに感謝します。彼は、本書での自分の取り扱いは正当だと認めたものの、今でも私の主張には納得しておらず、私はそのことに、一種独特の喜びを感じます。ポール・ブルームには、ギルバートの考え方を取りあげるようにとの助言に感謝します。

ジュリア・ガレフには、子どもを持つかどうかの決断に対する幸福度アンケートの意義についての、刺激的かつ丁寧な議論に感謝します。Pairagraph［一つの議題について2名が文章のやりとりで議論する、ウェブ上のプラットフォーム］での対話は学ぶものが多く、私自身の視点が、より鮮明になりました。

ツイッター［現X］の私のフォロワー、ネイト・ウィルコックスにも感謝したいと思います。本書の第1章で紹介した質問をしてくれた方です。この質問のおかげで、本書で一番伝えたいことがはっきりしました。「重要な物事は定量化が難しく、しかも定量化できる物事だけを見れば判断を誤るというのなら、ほかにどのような意思決定の方法が残されているのでしょうか？」

リバティ・ファンドの支援を受けて、週に一度のポッドキャスト『EconTalk』を16年も配信しつづけられました。そして私が興味を持った議題について、とびきり優秀で魅力的な人びとに質問することが可能となりました。ここ数年では、充実した人生、幸福度調査の意義、人生の意味の見つけ方、幸せの評価における経済学の限界、そのほかにも、本書に関連する多くの議題を取りあげています。

本書はさまざまな形で、『EconTalk』の次のようなゲストたちとの対話から生まれました。マイケル・ブラストランド、ポール・ブルーム、ロバート・バートン、ローン・ブックマン、アグネス・カラード、ルカ・デランナ、デイヴィッド・デプナー、リチャード・エプスタイン、ジュリア・ガレフ、ゲルト・ギゲレンツァー、ロヤ・ハカキアン、ダニエル・ヘイブロン、マーガレット・ヘファーナン、レオン・カス、ジョン・ケイ、マーヴィン・キング、ダン・クライン、イアン・マクギリスト、ジェリー・ミュラー、マイケル・

マンガー、スコット・ニューストック、L・A・ポール、リチャード・ロブ、エミリアナ・サイモン＝トーマス、ピーター・シンガー、ロリー・サザーランド、ナシム・ニコラス・タレブ。彼らが出演した配信回はrussroberts.info/wildproblemsにまとめられています。

これらの対話や、議題となった本の多くが私の考え方に影響を与え、今では私自身の意見とは区別がつかないほど深く絡み合っています。『EconTalk』のゲストのみなさんは、決して本書のすべてに同意しているわけではありません。私の書いた内容に強く反発する方もいらっしゃることでしょう。しかし、具体的に何がとは言えない場合もあるものの、どのゲストからも、必ず何かしら学ぶものがありました。もし私が無意識のうちに、あなたたちの意見を流用していましたら、どうかお許しください。

ストライプ社とニッキ・フィネマンには、データを使った分析的意思決定の難しさに関する私の初期の見解を提示する機会をくださったことに感謝します。

そして私のほかのすべての本と同じように、妻のシャロンの助言、意見、支えなしには、ここまでたどりつけなかったでしょう。私たちは街灯の光から遠く離れた未知の暗闇へと、何度もいっしょに飛びこんできました。彼女が隣にいてくれることは、私にとってこの上ない幸運です。

ブックデザイン　小口翔平＋畑中茜＋稲吉宏紀（tobufune）
本文DTP　横川浩之
翻訳協力　株式会社トランネット（www.trannet.co.jp）

「知《ち》の巨人《きょじん》」たちがやっている

非《ひ》合《ごう》理《り》な思《し》考《こう》術《じゅつ》

いかにして「人生《じんせい》の難問《なんもん》」に答《こた》えを出《だ》すべきか

2024年10月20日　初版発行

著者　ラス・ロバーツ
訳者　ラッカ珠美
発行所　株式会社 二見書房
東京都千代田区神田三崎町2-18-11
電話03（3515）2311［営業］　03（3515）2313［編集］
振替00170-4-2639
印刷　株式会社 堀内印刷所
製本　株式会社 村上製本所

落丁・乱丁本はお取り替えいたします。
定価は、カバーに表示してあります。

ISBN978-4-576-24081-7
https://www.futami.co.jp/